Armin Ellenberger
Friedrich Wolff

Leben, Sterben - und wie weiter ?

Was wir wissen - was wir glauben

Armin Ellenberger
Friedrich Wolff

Leben, Sterben -
und wie weiter ?
Was wir wissen - was wir glauben

ISBN 978-3-00-023987-8
1. Auflage 2008

Layout: Christoph Wolff

Druck und Bindung: Druckerei Gerhard Hanemann,
                           Weil am Rhein (Deutschland)

                           Printed in Germany.

COSMOSOPHIA

Inhaltsverzeichnis

Solche Menschen,
wie wir beide,
sterben zwar alle,
aber sie werden nicht alt,
solange sie leben.

Ich meine damit,
sie stehen immer noch neugierig
wie Kinder vor dem grossen Rätsel,
in das wir mitten hineingesetzt wurden.

(Albert Einstein)

VORWORT

Vorwort: Hochgesteckte Ziele

Die Themen „ Leben, Sterben - und wie weiter?" beschäftigten uns - die beiden Autoren - schon seit langer Zeit. Aus vielen Gesprächen und Diskussionen entstand schliesslich der Plan, darüber ein Buch zu verfassen. Im Juni 2006 fiel die endgültige Entscheidung, dem Plan die Tat folgen zu lassen. Und nun, im Januar 2008, kann es erscheinen und der Öffentlichkeit vorgestellt werden.

Viel wurde schon über diese Themen geschrieben. Einerseits wurde diese Meinung, andernseits jene Ansicht oder Glaubensauffassung vertreten. Dieses Buch soll alles anders machen:

Es sammelt die originellen - und manchmal durchaus kontroversen - Gedanken einer bunt gemischten Gesprächsrunde und reicht sie dem Leser weiter gleich einem farbenprächtigen Blumenstrauss, welcher aus vielen einzelnen, völlig unterschiedlichen Blumen besteht. Zusammengefasst wird dieser Strauss durch ergänzende Informationen und redaktionelle Kommentare, was dann ein harmonisches Ganzes ergibt.

In insgesamt drei Gesprächsrunden, den sogenannten „Kamingesprächen", wurden vorgegebene Themen diskutiert, wobei den Gesprächen grösstenteils freien Lauf gelassen wurde. Das Ziel lautete, Antworten zu finden auf drängende Fragen des Lebens, Sterbens und des Danach. Nicht nur persönliche Erkenntnisse, sondern auch erlebte Fakten, gemachte Erfahrungen waren gefordert. Dabei wurde auch so manches „Tabuthema" diskutiert.

Armin Ellenberger (mit Ehefrau Susi):
„Ganz besonderen Dank allen Mitwirkenden."

Ergänzende Informationen und Grafiken sowie analysierende Kommentare der Autoren tragen dazu bei, die aus den Gesprächen gewonnenen Erkenntnisse zu ordnen und daraus griffige Lerninhalte zu bilden.

Ganz besonderen Dank allen Beteiligten:

Den Teilnehmern an den Gesprächsrunden, den mitwirkenden Freunden und den Mitarbeitern des Verlages sowie deren Angehörigen für ihr Engagement, Verständnis und ihre Geduld.

Abschliessend noch zwei wichtige Hinweise: Alle Angaben über Personen, Berufe und Betroffene sind geschlechtsneutral zu verstehen. Und dieses Buch basiert auf den Werten der christlichen Kultur (alle Teilnehmer sind Mitglieder einer öffentlichen Kirche christlichen Glaubens). Die Sitten und Gebräuche anderer Religionen und Kulturanschauungen werden selbstverständlich respektiert und geachtet, kommen aber hier nicht zur Sprache.

Armin Ellenberger,
im Januar 2008

Das Geheimnis
des Lebens

Die Teilnehmer der ersten Gesprächsrunde am 20. Januar 2007

Die Teilnehmer der 1. Gesprächsrunde

Am 20. Januar 2007 fand das erste der sogenannten „Kamingespräche" statt. In einem idyllischen Landgasthof trafen sich einige Leute - aus allen möglichen Lebensverhältnissen kommend, aber allesamt hochmotiviert - um über das Thema „Leben" zu diskutieren und Antworten auf brennende Fragen zu finden.

An dieser ersten Gesprächsrunde nahmen folgende Personen teil:

Harry Bruder: Bankfachmann, verheiratet,

Mathias Gutknecht: Krankenpfleger, ledig,

Daniela Howald: Pflegefachfrau und ausgebildet in Palliativmedizin, verheiratet, drei Kinder,

Marc Lüthy: Arzt, verheiratet, zwei Kinder,

Christina Schmidlin: Bibliothekarin, verheiratet, zwei Kinder,

Beat Widmer: Jurist, verheiratet, zwei Kinder,

Frank Wolff: Diplom-Betriebswirt (ehrenamtlich Jugendbeauftragter), verheiratet, zwei Kinder.

Die Moderation des Gespräches wurde von den beiden Autoren, **Armin Ellenberger** (Seelsorger i.R., verheiratet, zwei Kinder) und **Friedrich Wolff** (Verleger, verheiratet, drei Kinder) geleitet.

Die Gesprächsrunde wurde elektronisch aufgezeichnet und wird nachstehend so originalgetreu wie möglich wiedergegeben.

1. Thema: Was ist Leben?

Armin Ellenberger:

Ich begrüsse euch recht herzlich zu den Kamingesprächen und freue mich, wenn ihr auch ganz spontan euer Herz sprechen lasst. Die Leitlinien gebe ich wohl vor, aber innerhalb dieser können wir uns frei bewegen. Wir wollen auch das Gespräch als solches nicht einfach abbrechen, sondern wir hoffen, dass durch das, was heute Mittag gesprochen wird, neue Impulse kommen - auf die wir sehr gespannt sind!

Für die Kamingespräche habe ich mir selbst auch einen kleinen Einstieg gegönnt, weil das Thema - „Was ist Leben?" - sehr viel beinhaltet. Gestern Abend habe ich ein Zitat gehört, das eigentlich auch das Leben als solches anspricht. Es heisst: „Junge Menschen sind nicht dazu da, dass man sie füllt, sondern Kerzen gleich, die man zum Brennen bringt." Und jetzt die erste Frage, die ich in den Raum stellen möchte: Was ist Leben?

Frank Wolff:

Leben wird immer definiert über verschiedene Eigenschaften, die gegeben sein müssen. Es wird dann auch zum Teil klassifiziert zwischen verschiedenen Lebensformen. Es gab schon von Aristoteles ein dreistufiges Modell von Pflanzen, Tieren und dem Menschen als dritte Stufe. Etwas lebt im biologischen Sinn, wenn es sich zum Ersten selbst reguliert, zum Zweiten selbst reproduzieren kann und zum Dritten - und wahrscheinlich sind wir dann schon irgendwo bei

Friedrich Wolff:
„Wenn Leben nur biologisch zu verstehen wäre, dann könnte man eigentlich gar nicht glauben, dass Leben überhaupt lebt. "

der Frage vom Sinn des Lebens - wenn es einen Zweck verfolgt. Also, die Zweckverfolgung als Inhalt des Lebens selbst, eigentlich auch der Zweck des lebenden Systems, das nach aussen eben auch wirkt, dass es irgend etwas bringt. Wenn man es systemisch betrachten würde: Dass es einen Input in einen Output überträgt, dass am Schluss etwas da ist, dass irgend etwas mehr geschaffen wurde, als vorher da war.

Armin Ellenberger:

Also: Vermehrung als solche wäre Fortpflanzung, wie ich jetzt deinen Worten entnehmen kann. Nochmal die Frage: Was ist Leben?

Marc Lüthy:

Das ist natürlich eine sehr schwierige Frage, das Leben zu definieren. Ich denke mir, die Punkte, die Frank Wolff gesagt hat, kann ich nachvollziehen. Sie sind sicher so richtig. Wenn man den Menschen anschaut, ist das Leben - rein biologisch gesehen - die Vielzahl oder, anders gesagt, das Leben von Abermillionen Zellen, die dann quasi ein grosses Leben bedingen. Handkehrum, innerhalb dieses Lebens hat doch immer wieder auch Leben und Tod seinen Platz. Nur wo Zellen auch wieder absterben, kann das Leben vorhanden sein. Es gibt soviele Facetten. Das ist quasi so kurz gar nicht richtig zu beantworten.

Friedrich Wolff:

Wenn Leben nur biologisch zu verstehen wäre, dann könnte man

Ergänzende Informationen: Lebensfrage

Die Lebensfrage wird von den verschiedenen wissenschaftlichen Fakultäten unterschiedlich beurteilt.

Die Biologie geht von drei Funktionen aus: Stoffwechsel (Regulation), Vererbung (Genetik) und Fortpflanzung (Vermehrung).

Die Philosophie sieht drei Stufen: Pflanzen (vegetative Stufe), Tiere (animalische Stufe), Menschen (humane Stufe). Das Leben verfolgt einen Zweck und zeichnet sich durch Höherentwicklung aus.

Die moderne Kosmologie sieht den Ursprung des Lebens im Weltall und die Erde nur als einen Ort günstiger Bedingungen für die Entwicklung biologischen Lebens.

Die Theologie geht davon aus, dass das Leben aus Gott heraus entstanden ist. Nach Aussage der Bibel ist Gott selbst das Leben. Und da er überall im Weltall präsent ist, befindet sich auch das Leben überall.

Kommentar: Lebensbild

Diese vier Auffassungen entsprechen vier Teilansichten eines Objektes. Zusammengenommen ergeben sie das wahre Bild des Ganzen.

1. Thema: Was ist Leben?

eigentlich gar nicht glauben, dass Leben überhaupt lebt. Also, da sind Funktionen, die die Biologie liefert, aber den Sinn darin findet man in der biologischen Betrachtungsweise nicht, nämlich das Geheimnis „Leben".

Armin Ellenberger:

Ich würde jetzt zum nächsten Thema weitergehen. Es sieht so aus, als kann zum ersten Thema eigentlich nichts mehr gesagt werden.

Friedrich Wolff:

Ja, das heisst eigentlich jetzt: Wir können Leben nicht erklären. Wir haben einen biologischen Ansatz. Du, Frank, hast vorhin von Kosmologie gesprochen und von Theologie. Also, wenn man die Theologie sieht, dann ist da eine ganz einfache Antwort: Leben kommt aus Gott. Gott lebt. Und das besagt auch, wo Leben zu finden ist. Da Gott nicht auf der Erde lebt und sich mit uns im 24-Stunden-Rhythmus dreht, sondern allüberall ist, befindet sich Leben auch allüberall. Das kann man nicht auf die Erde beschränken.

Und deshalb ist der biologische Ansatz wirklich rudimentär, also eine Erklärung, aber nicht die ganze Wahrheit. Man kann nicht sagen: Leben ist nur das biologische Leben, wie Biologen das sagen. Und die Kosmologen meinen: Das Leben entstammt dem Weltall. Sie werfen den Biologen vor: Ihr verwechselt Entstehung mit Entwicklung! Auf der Erde hat es sich entwickelt, aber es ist nicht hier entstanden. Und dann kommt die Bibel mit den Worten: Gott ist das Leben. Das steht im Johannesevangelium. Und im Prinzip stimmt

Harry Bruder:
„ Ist es denn wichtig, dass man weiss, was Leben ist?
 ...für mich ist wichtig: Ich muss das Leben meistern. "

alles drei. Alles zusammen stimmt und ist trotzdem nicht die letzte Erklärung.

Harry Bruder:

Ist es denn wichtig, dass man weiss, was Leben ist? Ich glaube, für mich ist wichtig: Ich muss das Leben meistern. Ich muss den Lebenssinn für mich und für meine Umgebung feststellen. Aber, dass ich dann Leben unbedingt genau definieren muss ...

Friedrich Wolff:

Ja, das führt jetzt genau zum nächsten Thema. Wir haben deshalb mit diesem Thema angefangen, weil es uns gleich in die Problematik führt, das ganze Sein überhaupt zu verstehen. Man geht immer davon aus, man kennt die Welt, man ist Herr seiner Sinne, man weiss, was zu tun ist. Im Prinzip wissen wir gar nichts. Und das ist jetzt ein Anlass, sich damit einmal zu beschäftigen, den Dingen auf den Grund zu gehen. Und deshalb haben wir die Frage vornean gestellt: Was ist Leben? Und jetzt geht es gleich weiter mit der Frage: Wie und wann entsteht individuelles Leben? Wann entstanden Du und ich? Zu welchem Moment? Das hat nämlich dann Einfluss auf Verhütung und auf alle möglichen Dinge.

THEMA

2. Thema: Wann entsteht individuelles Leben?

Marc Lüthy:

Also, ich denke mir, wichtig ist, dass wir definieren, wir reden jetzt mal primär vom menschlichen Leben. Weil sonst ist es schwierig, das so allgemein gültig zu sagen, wie wir das vorhin getan haben. Man kann biologisch gesehen ja Leben relativ gut definieren. Und je nachdem, wie man mit dem Leben umgeht, oder was die Aufgaben sind, kann es halt auch ganz wichtig sein, dass man weiss, was Leben ist, und wann das Leben nicht mehr da ist.

Jetzt zu der Frage: „Wie und wann entsteht Leben?" Wenn wir vom Menschen ausgehen, denke ich mir, rein biologisch gesehen, ist es natürlich die Befruchtung. Das ist der erste Beginn. Aber das Leben kann dort auch wieder enden, wenn es sich nicht einnistet in der Mutter. Und dann muss es geboren werden. Und da ist eigentlich das Leben auch erst sichtbar.

Friedrich Wolff:

Würdest Du sagen, bei der Verschmelzung von Eizelle und Samenzelle entsteht das Leben oder erst zu einem späteren Zeitpunkt?

Marc Lüthy:

Ich habe etwas Mühe zu sagen: Jetzt ist das Leben da, genau an dem Zeitpunkt. Weil, ich denke mir, die Natur, die Biologie, die Menschen - das ist nicht nur 1 und 0. Das taugt vielleicht in der Informa-

Marc Lüthy:
„ Eine Eizelle - das ist zwar Leben. Aber das ist nicht das menschliche Leben, wie wir das sehen, was wir darunter verstehen.. "

tik, aber in der Naturwissenschaft ist das der erste Schritt. Eine Eizelle - das ist zwar Leben. Aber das ist nicht das menschliche Leben, wie wir das sehen, was wir darunter verstehen. Wenn das dann ein bisschen vorwärts geht, es sich im Mutterleib einnistet nach der ersten Woche, ist es zwar schon mehr Leben - aber es ist immer noch nicht das Leben, wie wir es sehen. Von dem her weigere ich mich ein bisschen zu sagen: Genau dann ist es Leben! Ich denke mir, das ist der erste Schritt, und dann braucht es noch diverse Schritte, bis es zu dem wird, was wir unter Leben verstehen.

Friedrich Wolff:

Würdest Du sagen, dass die Entstehung des Lebens eine Entwicklung ist, also, nicht eine digitale An/aus-Geschichte, sondern eine Entwicklung, die auch entsprechend höher führt?

Marc Lüthy:

Wenn wir uns, wie ich vorhin gesagt habe, auf das menschliche Leben beziehen, dann ist es so. Wenn wir jetzt zurückgehen zu den Bakterien, dort ist es relativ einfach. Sobald sich ein Bakterium teilt, haben wir zwei Bakterien und somit quasi wieder zwei Lebensformen. Aber beim Menschen - eine befruchtete Eizelle, das ist zwar mal gekeimtes Leben, aber ist das schon das gesamte Leben? Ist es schon so, wie wir das menschliche Leben definieren?

Frank Wolff:

Also, leben tut ja eigentlich auch schon die Eizelle, tut das Spermi-

Frank Wolff:
„Was ist Leben? Das kann keiner definieren. Man versucht, es irgendwie festzu-
machen, und letztendlich sagt man: Das Leben ist irgendwann mal entstanden
und läuft weiter über Generationen, über ewige Zeit ..."

um. Leben in dem Sinn ist schon da. Es ist einfach nicht ein Individuum, ein menschliches Individuum, in der Einheit, die dann aber auch sehr schnell geistig und seelisch verstanden wird. Die Wissenschaft sagt zu der ersten Frage ja überhaupt nichts - tappen ja alle im Dunkeln. Was ist Leben? Das kann keiner definieren. Man versucht, es irgendwie festzumachen, und letztendlich sagt man: Das Leben ist irgendwann mal entstanden und läuft weiter über Generationen, über ewige Zeit, also so, dass die einzelnen Bausteine auch schon Leben sind, die dann nachher dazu führen, dass dann ein Sprung kommt.

Und ich glaube, dann kommt schon ein Sprung, wenn man auf die geistige, seelische Ebene kommt. Dort passiert ein Sprung. Und dort kommt eine höhere Form von Leben.

Friedrich Wolff:

Ja, jetzt ist eben die interessante Thematik entstanden: Wo ist die Grenze zwischen biologischem Leben und geistigem Leben? Nach meiner Auffassung entsteht das Leben mit der Verschmelzung von Ei- und Samenzellen. Da entstehen Keime. So wird das von Sheldrake (4) zum Beispiel dargestellt, ein biologischer Keim und ein seelisch-geistiger Keim. Beide wachsen miteinander auf. Und die bilden dann Geist und Seele einerseits und den biologischen Körper andererseits. Es ist demnach eine zweifache Entwicklung. So ist meine Vorstellung, in Anlehnung an - ich habe ihn schon genannt - Rupert Sheldrake, ein bekannter Naturwissenschaftler und Forscher (4). Aber deine Argumentation führt automatisch in die andere Richtung, die sagt: Wir haben verschiedene Stufen der Höherentwick-

(4): siehe Literaturverzeichnis im Anhang des Buches

Daniela Howald:
„ *... von welchem Zeitpunkt an ist wirklich ein Lebewesen entstanden?"*

lung. Und man kennt ja die vegetativen, die animalen und die humanen Felder beziehungsweise Ebenen. Also, kommen wir da auch in eine Geschichte rein, die offen bleiben muss. Beide Betrachtensweisen sind berechtigt und sind hochinteressant. Man muss weiter forschen und weiter überlegen.

Daniela Howald:

Ich denke, diese Frage stellt sich ja erst, wenn es darum geht: Behält man das Leben, oder behält man es nicht. Also, ich denke schon, man müsste tiefer auf den Grund gehen. Von welchem Zeitpunkt an ist es Leben oder ein Individuum, das entstanden ist? Marc, wenn du sagst, Leben entsteht erst nach und nach, dann fragt sich doch: Ab welcher Woche ist es denn schützenswert? Für mich stellt sich in diesem Thema schon noch eine grosse Frage.

Friedrich Wolff:

Deshalb haben wir die Frage eigentlich auch gestellt, um festzustellen: Ab wann trifft man die Seele, wenn man abtreibt, oder wenn man verhütet? Wann ist der Punkt, wo eine lebende, eine existente Seele betroffen ist?

Daniela Howald:

Für mich wäre der Punkt auch bei der Befruchtung. Aber wenn es um Abtreibung geht, kommt in mir auch die Mutter in den Vordergrund. Da sind dann noch andere Fragen zu stellen.

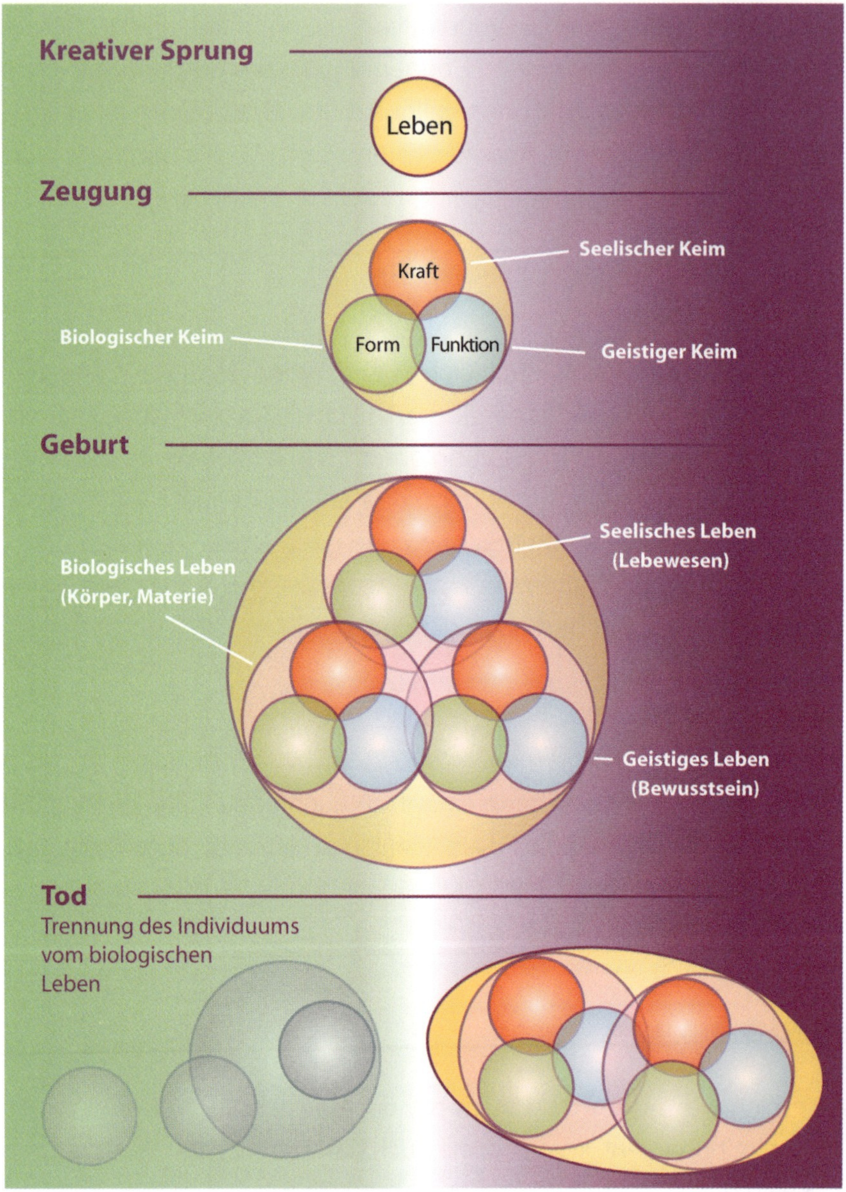

Kreativer Sprung

Leben

Zeugung

Kraft

Seelischer Keim

Biologischer Keim

Form Funktion

Geistiger Keim

Geburt

Seelisches Leben
(Lebewesen)

Biologisches Leben
(Körper, Materie)

Geistiges Leben
(Bewusstsein)

Tod
Trennung des Individuums
vom biologischen
Leben

Die Entwicklungsebenen des menschlichen Seins

Friedrich Wolff:

Da kommen wir noch drauf.

Daniela Howald:

Da kommen wir noch drauf - das ist gut! Aber darum würde ich es wichtig finden, dass man definiert: Von welchem Zeitpunkt an ist wirklich ein Lebewesen entstanden?

Friedrich Wolff:

Daniela, ich habe mir jetzt als Hausaufgabe mitgenommen, diesen Punkt genauer zu betrachten. Ich bin seither davon ausgegangen, bei der Verschmelzung von Ei- und Samenzelle entsteht das Leben, biologisch und demzufolge auch seelisch-geistig. Aber ich sehe die Argumentation von Marc auch, dass sich das Leben ja höher entwickelt. Und wenn ich mich recht entsinne, hast du das in deinem Manuskript auch aufgeführt, dass irgendwann der Mensch eine Person wird - irgendwann sich vom Embryo zur Person entwickelt. Das ist ja auch ein Entwicklungsprozess.

Beat Widmer:

Diese Stufenfolge, diese Idee mit den verschiedenen Stufen, zeigt sich auch, wenn wir das Thema von der rechtlichen Seite her anschauen. Es gibt ja auch verschiedene Abstufungen des Rechtsschutzes.

So etwa, wie eben angesprochen, bei der „Persönlichkeit", wenn wir

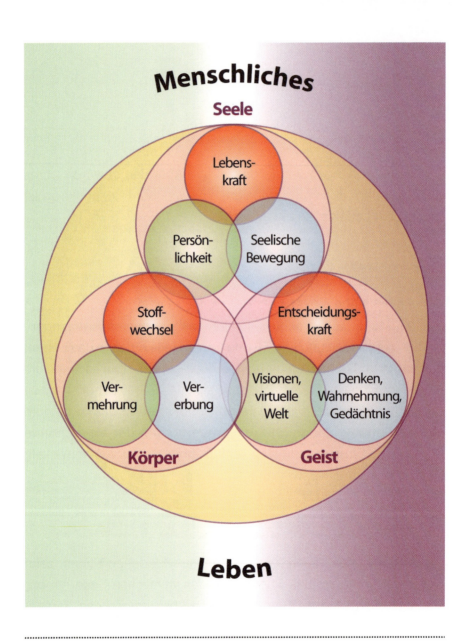

Biologisches, seelisches und geistiges Leben des Menschen.

diese mal als Rechtsfähigkeit im Sinne des Zivilgesetzbuches betrachten. Der Mensch ist rechtsfähig ab dem Moment, in dem er geboren wird. Aber es gibt gewisse Möglichkeiten einer Rückwirkung, indem ein ungeborenes Kind unter gewissen Voraussetzungen und unter der Bedingung, dass es dann lebend zur Welt kommt, eben schon vor der Geburt Rechte erwerben kann. Als Beispiel: Wenn der Vater des Kindes während der Schwangerschaft stirbt, kann ihn das Kind beerben - falls es lebendig zur Welt kommt. Da haben wir schon mal diese Abstufung. Die volle Persönlichkeit, rechtlich gesehen, erlangt der Mensch mit der Geburt, aber es gibt Vorwirkungen.

Oder schauen wir den strafrechtlichen Schutz des Lebens an: Da haben wir ja diesen speziellen Tatbestand - früher hiess er Abtreibung, heute heisst er Schwangerschaftsabbruch - bei dem man dieser besonderen Situation Rechnung trägt. Eine Tötung im eigentlichen Sinn ist erst möglich von dem Moment an, in dem die Geburt eingeleitet wird. Vorher ist eben dieser Spezialtatbestand da.

Und auch da fängt es ja nicht gleich mit der Befruchtung an - schon rein aus praktischen Gründen. Wer wollte je beweisen, dass zum Beispiel mit einem Verhütungsmittel oder mit der Pille danach eine Einnistung verhindert und damit Leben zerstört wurde? Das wäre ja schon rein beweismässig gar nicht zu schaffen. Man hat deshalb schon seit jeher definiert: Eine Abtreibung ist frühestens in dem Moment möglich, in dem sich die Eizelle eingenistet hat. Damit sind alle Vorgänge, welche vorher stattfinden, strafrechtlich nicht mehr relevant.

Und heute haben wir ja zudem die Fristenlösung. Da gibt es eine

Ergänzende Informationen: Schwangerschaft

Rechtlich beginnt eine Schwangerschaft mit der Einnistung (Nidation) der befruchteten Eizelle in der Gebärmutter (Uterus). Sie beginnt also circa zwei Wochen nach der Befruchtung beziehungsweise etwa vier Wochen nach der letzten Menstruation (1).

Kommentar: Individuum

Menschlich betrachtet beginnt individuelles Leben wohl dann, wenn die Erbanlagen komplett sind, also wenn die genetischen und epigenetischen Strukturen zusammen mit ihren Feldern den körperlichen und seelischen Keim gebildet haben und somit die Entwicklungsvorgaben des Individuums festgeschrieben sind.

Begriffserklärung: Erbanlagen

Genetisch: *Die Erbanlagen (Gene) betreffend, welche auf die Nachkommen übergehen.*

Epigenetisch: *Die Steuerung der Gene betreffend, welche die Umwelteinflüsse vermitteln.*

Felder: *Einflussgebiete im Raum, welche Kräfte, Formen und Funktionen übertragen (siehe Seite 46).*

2. Thema: Wann entsteht individuelles Leben?

(1): Siehe Literaturverzeichnis im Anhang des Buches

weitere Stufe: In den ersten drei Monaten ist ein Schwangerschafts-abbruch straflos. Was ja nicht heisst, dass er dann damit auch moralisch, ethisch oder religiös unproblematisch wäre. Aber der Staat verzichtet in dieser Phase darauf, diese Handlungen unter Strafe zu stellen.

Da sieht man diese Abstufung, die dann eigentlich erst mit der Geburt zum vollen Rechtsschutz anwächst.

3. Thema: Geist und Seele - Vorbestimmung?

Christina Schmidlin:

Mir kam noch ein Gedanke, der mich schon länger beschäftigt, schon damals, als wir vorhatten, Kinder zu haben. Wir haben uns immer vorgestellt: Ist schon eine Seele bereit für uns? Also - ein Kind bereit für uns? Ist das schon irgendwo definiert? Lebt diese Seele schon? Und gehört die zu uns? Dieser Gedanke ist uns damals gekommen. Und dann - das ist jetzt das gleiche, was ich mir überlege - ist diese Seele schon bereit und wird dann bei der Befruchtung dort hineingelegt, wo sie hingehört? Oder ist das utopisch? Das weiss man natürlich nicht. Aber dieser Gedanke ist uns immer wieder gekommen. Und wir haben auch so gebetet darum: Wenn es eine Seele hat, die zu uns gehört, dann bitten wir darum.

Armin Ellenberger:

Aus Sicht des Seelsorgers geht es ja um das nicht - oder noch nicht - Geborene. Und es ist die spezielle Pflicht eines Seelsorgers, für solche Seelen im Gebet einzustehen, die noch nicht geboren sind. Ich glaube daran, dass nach der Verschmelzung von Eizelle mit Samen und der Einnistung des Ganzen in die Gebärmutter auch die Seele bereits dort ist - wie Friedrich Wolff das auch gesagt hat.

Aber da kann jeder für sich natürlich auch eine eigene Meinung haben, das ist eben meine persönliche Überzeugung.

....

Christina Schmidlin:
„ ... ist diese Seele schon bereit und wird dann bei der Befruchtung dort hineingelegt, wo sie hingehört? "

Friedrich Wolff:

Und jetzt die Frage: Ist die Seele vor der Zeugung da?

Christina Schmidlin:

Das wäre ja dann auch Leben. - Wäre das auch schon Leben?

Armin Ellenberger:

Darf ich ganz kurz die Bibel zitieren? Darin heisst es: „Ihr seid ja schon bereits vom Mutterleibe an erwählt." Das könnte ein Hinweis darauf sein, dass die Seele als solche bereits schon da ist und dann bei der Zeugung in den Menschen gegeben wird.

Friedrich Wolff:

Ich habe mit dieser Vorbestimmung nichts im Sinn. Die biblische Erwählung betrifft wohl die Erblinien. Ich bin nicht der Meinung, dass die Seele vorher besteht, sondern dass sie entsteht mit der Zeugung. Aber die Erblinie, das Erbgut, das ist ja vorhanden. Und dort dürfte wohl meiner Ansicht nach die Erwählung anzusetzen sein. Eine Veranlagungslinie - ich will jetzt extra nicht vom Individuum sprechen, sondern von der ganzen Linie -, die in die Richtung Liebesfähigkeit geht, könnte ich mir vorstellen, trägt zur Erwählung bei. Gleichermassen könnte man das für die Fähigkeit zu glauben annehmen.

Also - so stelle ich mir die biblische Erwählung vor.

Selbsterwählung:
Franz Joseph Karl von Habsburg-Lothringen (1768-1835) rief 1804 das Erzherzogtum Österreich zum Kaisertum aus und erwählte sich selbst zum Kaiser von Österreich (Gemälde von Friedrich von Amerling (1803-1887).

Beat Widmer:

Kann man das vielleicht an einem ganz einfachen Beispiel verdeutlichen?

Das erste Kind des Königspaares ist als Thronfolger auserwählt, schon bevor es geboren ist. Es ist einfach klar von der Regelung, von der Erblinie her: Es ist dazu bestimmt, auch wenn es noch nirgends ist, noch nicht empfangen ist, noch nicht geboren ist. Aber - es ist schon vorausbestimmt. Es muss ja nicht unbedingt heissen, dass die Seele auch schon vorher existieren muss. Erwählt sein kann sie ja, bevor es sie eigentlich gibt.

Marc Lüthy:

Ich schliesse mich dem Beispiel von Beat Widmer an und komme auf das Zitat aus der Bibel zurück, dass man von Mutterleibe an erwählt ist.

Ich denke mir, die heutige Wissenschaft, der Stand des Wissens oder des Unwissens, macht es ein bisschen schwierig, Zitate aus der Bibel allzu wörtlich zu nehmen. Früher war es doch so: Man hat gemerkt, dass ein Kind entsteht, weil bei der Frau die Regel ausgeblieben ist oder weil sich ein Bäuchlein gebildet hat. Und irgendwann wusste man es dann früher: Man hat das Leben gesehen - man kann es mit Ultraschall schon sehr früh sehen. Und heute ist es noch früher möglich. Das macht es auch ein bisschen schwierig zu sagen, wann jetzt das Leben entstanden ist.

Vielleicht bin ich da auch allein auf weiter Flur mit meiner Ansicht:

Ergänzende Informationen: Geist und Seele

Geist und Seele unterscheiden sich grundsätzlich, bilden aber gemeinsam wohl das unsichtbare Wesen des Menschen. Die Seele stellt das eigentliche Lebewesen dar. Sie verfügt über die psychischen Kräfte wie zum Beispiel Triebe, Instinkte, Interessen, Wollen usw.

Der Geist ist gekennzeichnet durch die psychischen Funktionen wie Wahrnehmung, Denken und Gedächtnis. Ihm schreibt man auch das geistige Hören und Sehen sowie die Intelligenz zu. Hingegen sind Glaube, Liebe und auch Hass Kräfte der Seele.

3. Thema: Geist und Seele - Vorbestimmung?

Genauso wie das Leben, der Körper, sich entwickelt im Laufe der Zeit - er muss zuerst befruchtet werden, dann muss er sich einnisten, dann entsteht der Körper an sich, das Herz beginnt zu schlagen, der Körper bildet sich aus - so ähnlich ist es wahrscheinlich auch bei der Seele. Das ist meine persönliche Ansicht, dass die Seele auch wächst. Klar, am Anfang, quasi bei der Befruchtung, ist wahrscheinlich auch so eine Keimzelle für eine Seele vorhanden, und die wächst dann zunehmend. Das ist mein Verständnis der ganzen Geschichte.

Ob das dann vorbestimmt ist? Das haben wir, meine Frau und ich, uns nämlich auch schon überlegt. Ist da eine Seele, die irgendwo wartet? Und dann, sobald der Körper reif genug ist, kommen die Seele und der Körper zusammen? Ich denke mir - eher nicht. Aber das ist Sache des Glaubens.

Noch zu der Frage: Wann ist das Leben schützenswert? Ich denke mir, rein von meiner Vorstellung her, dass vielleicht die Seele erst etwas später wirklich vollständig vorhanden ist. Das heisst für mich noch lange nicht, dass das Leben erst dann schützenswert ist. Schliesslich ist schon eine befruchtete Eizelle, sofern sie sich richtig einnistet, Leben - ein möglicher Mensch. Und von dem her würde ich jetzt nicht sagen, erst wenn die Seele da ist - in der 14., 12., 10. oder wievielten Woche -, ist das Leben schützenswert. Ich denke mir, das Leben ist ein Prozess. Und das Entstehen ist eben auch ein Prozess. Genauso wie das Leben, wenn wir dann auf der Welt sind, ein Prozess ist, und genauso wie das Sterben auch ein Prozess ist. Und da einfach nur zu sagen: „1 - 0, jetzt ist Leben da, jetzt ist Leben nicht da", damit habe ich persönlich ein bisschen Mühe.

4. Thema: Kann Leben sterben?

Friedrich Wolff:

Ja, das führt uns zum Thema „Sterben", welches ja einen Teil des Lebens darstellt. Sterben kann ein Sekundentod sein. Sterben kann ein langer Prozess sein. Sterben kann als Ende des Lebens, als Auslaufen der Lebensfunktionen eintreten. Leben kann auch durch einen gewaltsamen Tod plötzlich enden. Der Sterbeprozess kennt also viele Möglichkeiten. Doch immer ist es ein Prozess. Die Lebensfunktionen hören nicht schlagartig auf, sondern bauen sich ab - schneller oder weniger schnell. Und das führt dann zum Thema „Sterbehilfe". Aber jetzt sind wir wahrscheinlich ein bisschen zu weit gerutscht.

Armin Ellenberger:

Aber ich glaube, ich kann die Frage trotzdem stellen: Kann Leben sterben?

Frank Wolff:

Aufbauend auf dem, was inzwischen gesagt worden ist, dass wir unterscheiden zwischen biologischem Leben und geistig-seelischem Leben, kann man wahrscheinlich auch sehr klar sagen: Biologisches Leben kann sterben. Ich glaube, das wissen wir. Geistiges Leben, seelisches Leben? Klar, wir sind dann irgendwo wieder in Glaubensdimensionen. Das wird so nicht beweisbar sein. Aber es ist doch mindestens die Möglichkeit und die Wahrscheinlichkeit da, dass das anderen Gesetzmässigkeiten gehorcht. Und es ist einfach meine

Ergänzende Informationen: Morphische Felder

Jede Kraft erzeugt ein Kraftfeld, welches die Kraft begleitet und deren Umgebung beeinflusst. Felder sind Wirkungsbereiche oder Einflussgebiete in Raum und Zeit.

Hypothetisch gibt es ausser diesen Kraftfeldern auch formgebende und funktionssteuernde Felder - sogenannte morphische Felder (4). Sie besitzen folgende Eigenschaften:

1. Sie sind selbstorganisierende Ganzheiten.

2. Sie besitzen sowohl einen räumlichen als auch einen zeitlichen Aspekt und organisieren räumlich-zeitliche Muster von rhythmischer Aktivität.

3. Durch Anziehung führen sie das unter ihrem Einfluss stehende System zu bestimmten Formen und Aktivitätsmustern hin, deren Entstehen sie organisieren und deren Stabilität sie aufrechterhalten. Die End- und Zielpunkte, auf welche die Entwicklung unter dem Einfluss der morphischen Felder zusteuert, werden Attraktoren genannt.

4. Sie verflechten und koordinieren die morphischen Einheiten, welche in ihnen liegen, und auch diese sind wiederum Ganzheiten mit eigenen morphischen Feldern. Die morphischen Felder verschiedener Grade und Ebenen sind ineinander verschachtelt.

5. Sie sind Wahrscheinlichkeitsstrukturen, und ihr organisierender Einfluss besitzt Wahrscheinlichkeitscharakter.

6. Sie enthalten ein Gedächtnis, welches durch Eigenresonanz einer morphischen Einheit mit ihrer eigenen Vergangenheit und durch Resonanz mit den morphischen Feldern aller früheren Systeme ähnlicher Art gegeben ist. Dieses Gedächtnis ist kumulativ. Je häufiger ein bestimmtes Aktionsmuster sich wiederholt, desto mehr wird es zur Gewohnheit oder zum Habitus.

Die morphischen Felder haben also bleibenden Bestand und verbinden die Vergangenheit mit der Gegenwart (4).

---

4. Thema: Kann Leben sterben?

(1): Siehe Literaturverzeichnis im Anhang des Buches

Überzeugung, dass Geist nicht stirbt, dass Seelen nicht sterben. Von dem her: Das geistige Leben, meiner Ansicht nach: Nein, kann nicht sterben. Das biologische Leben ganz klar: Ja.

Armin Ellenberger:

Die Materie als solche kehrt wieder zurück in den Schoss der Erde. Sie lebt trotzdem weiter. Das Stoffliche - irgendwie findet sich das wieder in der Erde, wird wieder neu seine Fortpflanzung finden. Das ist natürlich ein Thema, das sehr, sehr weit geht.

Marc Lüthy:

Jetzt sind wir irgendwie wieder am Anfang angekommen! Es kommt immer darauf an: Was verstehen wir unter Leben? Ist es das Leben des Menschen als solches, so werden wir zumindest in der körperlichen Version irgendwann sterben. Wenn wir es ein bisschen genauer anschauen: Das Leben, so wie wir jetzt da sind, kann nur leben, wenn es auch immer wieder, jeden Tag, ein Sterben gibt. Wenn wir auf die Zellen schauen: Da gibt es einzelne Zellen, die müssen sterben, damit irgend etwas Ganzes weiterleben kann. Und wenn wir die ganze Menschheit anschauen, geht auch da das ganze Leben weiter, indem Einzelne sterben und dann der Prozess sich wieder schliesst.

Friedrich Wolff:

Das ist ganz wesentlich: Das Leben geht weiter, das einzelne Lebewesen geht unter. So erleben wir das ja mit den Zellen. Jeden Tag

INFORMATION

Menschen **Mentale Felder** **(Humanfelder)**	Kunst und Kultur Bildung und Erziehung Beruf und Hobby Tradition und Rituale Ehe und Familienstrukturen Bedingungslose Liebe Glauben und Religion Interessen Menschliche Gefühle Selbstbewusstsein / Identität
Tiere **Animale Felder**	Animalgefühle Beziehungsliebe Genetische Liebe Wollen Triebe Instinkte Affekte Stimmungen Einflüsse
Pflanzen / Zellen **Vegetative Felder**	Bewegung Differenzierung Wachstum
Seelisches Grundfeld	**LEBENSKRÄFTE**

Kräfte und Felder der Seele.

gehen Hunderttausende von Zellen kaputt, obwohl sie gerade noch gelebt haben und unsere ganze Erbinformation enthalten. Also, wir sterben täglich und leben doch weiter als Gesamtes.

Harry Bruder:

Ich wollte nur sagen, dass ich mit Frank Wolff einig bin. Das biologische Leben vergeht, der Geist, die Seele bleiben bestehen. Das führt mich aber dann zurück an den Anfang. Wenn wir geistigerweise bestehen bleiben - waren wir dann eben nicht schon vorher da? Das ist dann ein Kreislauf. Ich weiss es nicht - aber ich bin eigentlich überzeugt, wie Frank Wolff, dass das geistige Leben nicht stirbt.

Daniela Howald:

Gibt es einen Unterschied zwischen dem Geist und der Seele? Ist das nicht dasselbe? Für mich sind diese zwei Ebenen nicht klar trennbar.

Friedrich Wolff:

Man unterscheidet zwischen psychischen Funktionen - also: Gedächtnis, Wahrnehmung und Denken - und schreibt diese dem Geist zu und psychischen Kräften, wie Interessen, Trieben und so weiter. Und daher kommt dann die Unterscheidung zwischen Seele und Geist. Eigentlich hast Du vollkommen recht - das ist eine Sphäre. Wenn man die Nahtoderfahrungen betrachtet, wird ja da auch immer dargestellt, dass man sehr gut denken konnte und alles wahrgenommen hat, obwohl keine Körperfunktionen mehr bestanden haben, also

„Still ruht der See" - doch das ist eine Täuschung.
Die Wasserpflanzen an der Oberfläche verhalten sich zwar still und ruhig, doch zeigt sich ihre Lebenskraft im steten Wachstum. Und den quirligen Tanz im Wasser kann man nur erahnen. Das Leben lebt - auf allen Ebenen - biologisch und geistig.

keine natürlichen Augen Seheindrücke vermitteln und kein körperliches Gehör Informationen aufnehmen konnten. Aber die Seele und der Geist - oder das gemeinsame geistige Wesen - hat diese Funktionen und diese Kräfte nach wie vor (siehe Teil 3, Kapitel 1). Also, obgleich Geist und Seele zusammen das geistige Wesen des Menschen bilden, kann man sie gut unterscheiden.

5. Thema: Was sind Feinde des Lebens?

Armin Ellenberger:

Die nächste Frage, die ich in den Raum stellen möchte: Was sind Feinde des Lebens? Ich gebe ein paar Beispiele: Für den Körper wäre es zum Beispiel Gift, Wassermangel oder Unterkühlung - da könnte Marc Lüthy als Arzt vermutlich noch vieles mehr hinzufügen. Für den Geist wäre es Gleichgültigkeit oder Irrglauben. Für die Seele wäre es die Trennung von Gott, also der geistige Tod.

Friedrich Wolff:

Es geht uns beiden eigentlich darum, Rat zu geben, wie man seine Seele schützen kann vor Feinden. Dazu muss man die Feinde sehen, sichtbar machen.

Frank Wolff:

Etwas, das vielleicht helfen könnte, die Frage zu beantworten, wäre das, was wir am Anfang mal hatten mit der Zweckbindung des Lebens. Feind definiert sich ja eigentlich aus dem Kontext heraus. Feindlich ist etwas, was mich abhält, mein Ziel zu erreichen. Wenn ich dem Leben ein Ziel gebe - und mein Leben hat ein Ziel - dann ist natürlich auch alles feindlich, was mich von dem Ziel ablenkt. Ich glaube aber, wenn jemand andere Ziele hat, dann sind natürlich auch andere Sachen für ihn feindlich. Also: Jemand, der im Geistigen und in der geistigen Welt das Leben nur als Selbstzweck sieht, der wird vielleicht ganz andere Feinde identifizieren für sein Leben: Zum Bei-

Ergänzende Informationen: Gesetzliche Bestimmung

§ 13 Betäubungsmittelgesetz -
*   Verschreibung und Abgabe auf Verschreibung*

Die im Gesetz genannten Betäubungsmittel dürfen nur von Ärzten, Zahnärzten und Tierärzten und nur dann verschrieben und im Rahmen einer ärztlichen Behandlung einschliesslich der ärztlichen Behandlung einer Betäubungsmittelabhängigkeit verabreicht oder einem anderen zum unmittelbaren Gebrauch überlassen werden, wenn ihre Anwendung an oder im menschlichen oder tierischen Körper begründet ist.

Die Anwendung ist insbesondere dann nicht begründet, wenn der beabsichtigte Zweck auf andere Weise erreicht werden kann (5).

Kommentar: Drogenmissbrauch

Drogenabhängigkeit entsteht heute anders als noch vor 20 oder 30 Jahren. Drogenabhängige Jugendliche entstammen meist sozialen Randgruppen oder kommen aus der sog. Wohlstandsverwahrlosung. Oft ist auch Angst oder Frust ein häufiges Motiv.

Alkoholmissbrauch ist mit 90% die häufigste Abhängigkeit, Reinheroin und Kokainkonsum die Ausnahme. Die übrigen Rauschgifte reichen von Cannabis (Haschisch, Marihuana) über die sogenannten Designerdrogen und LSD bis hin zu Morphium und dergleichen. Oft führt ein hoher täglicher Geldbedarf zum kriminellen Drogenerwerb (Diebstähle, Einbrüche oder aber Prostitution).

5. Thema: Was sind Feinde des Lebens?

(1):   Siehe Literaturverzeichnis im Anhang des Buches

spiel die Sachen, die ihm die Freude und das Vergnügen nehmen. Wenn man jetzt aber davon ausgeht, das Leben hat ein Ziel, und es hat eine Zweckbestimmung, es führt irgendwohin, und es bewirkt irgendetwas, dann sind ganz andere Sachen Feinde. Dann sind natürlich die Sachen Feinde, die daran hindern, an das Ziel zu kommen.

Marc Lüthy:

Ich denke mal, als Arzt muss ich jetzt wohl das Zitat bringen von Paracelsus, dass ja schliesslich die Menge das Gift ausmacht. Und das geht eigentlich in das Gleiche hinein, was Frank Wolff vorhin gesagt hat: Es kann durchaus sein, dass etwas in einer bestimmten Situation ein Gift ist, nämlich schädlich ist für den Körper, sogar den Körper umbringt. Und in einer anderen Situation kann genau das Gleiche absolut rettend sein!

Ich nehme mal den Stromstoss beim Herztod, beim Kammerflimmern. Wenn ich den appliziere, also anwende, ohne dass der Patient ein Problem hat mit dem Herzen, dann bringe ich ihn um. Aber in einer anderen Situation, wenn das Herz flimmert, wenn es nicht mehr richtig schlägt, wenn ich da den Stromstoss appliziere, dann kann ich das Leben wieder zurückholen - ich kann das Leben retten! Und von dem her denke ich mir: Es gibt Feinde.

Aber, was einmal ein Feind ist, muss nicht immer ein Feind sein! Es kann auch sein, dass es dem Körper etwas Gutes bringt. Bakterien in einer gewissen Menge können den Menschen umbringen, aber der Mensch könnte ohne Bakterien auch wieder nicht leben. Er braucht sie!

Ergänzende Informationen: Paracelsus

Paracelsus gilt als der Vater der Naturärzte. Er wurde 1493 in Einsiedeln geboren und starb 1541 in Salzburg. Der promovierte Arzt war zugleich Naturforscher und Philosoph. Er lehrte unter anderem in Basel als Professor der Medizin, wo er mit der medizinischen Fakultät in Konflikt geriet. Er veröffentlichte nämlich mehrere Werke, welche die Schulmedizin heftig bekämpften. Er strebte eine grundlegende Reform der Medizin an.

Den Menschen betrachtete er als Mikrokosmos in einer spekulativen Kosmologie. Ausserdem verfasste er religionsphilosophische und sozialpolitische Schriften. Von ihm stammt der Lehrsatz: „Es ist die Dosis, die ein Heilmittel zum Gift werden lässt."

Kommentar: Das Übermass

Ein grosser Feind des Lebens ist das Übermass. Zuviel des Guten ist genauso schlecht wie das Schlechte selbst. Das beste Beispiel ist die Sonne. Im Übermass ist sie schädlich und kann Hautkrebs erzeugen. Andernseits ist ohne Sonne kein Leben denkbar. Und die gesündeste Nahrung kann zum Gift werden, wenn sie im Übermass genossen wird. Selten ist etwas restlos gut oder restlos schlecht. Der Gegenpool wirkt immer mit.

5. Thema: Was sind Feinde des Lebens?

Friedrich Wolff:

Also, das ist sicherlich für den Körper so richtig. „Es ist die Dosis, die ein Heilmittel zum Gift werden lässt", so ungefähr formulierte es Paracelsus. Ebenso die Sonne: Ohne Sonne gibt es kein Leben, aber zu viel Sonne ist schädlich und bringt einen am Ende um. Gilt das auch für den geistig-seelischen Bereich, dass die Dosis oder auch die Zielsetzung die Schädlichkeit eines Einflusses bestimmt? Oder kann man im seelisch-geistigen Bereich katalogisieren? Denn man muss ja auch bedenken, es gibt irgendwo und irgendwie Gut und Böse. Hass und Liebe sind nun einmal Gegensätze, die sich nicht vereinen lassen. Und ich glaube, da kommt es auch weniger auf die Dosis an - ein bisschen Hass und ein bisschen Liebe gegenüber mehr Hass und mehr Liebe. Allerdings muss man zugeben, Liebe kann zu Hass werden. Hass kann vielleicht auch zu Liebe werden - das weiss ich nicht. Aber es stellt sich die Frage: Gilt das mit der „Gift-Dosis" auch für den seelisch-geistigen Menschen oder nur für den Körper? Dieser stellt ja im Prinzip ein Fliessgleichgewicht dar, welches ohnehin empfindlich auf Überdosen reagiert. Das ist einfach die Frage. Was meint ihr dazu?

Marc Lüthy:

Ich persönlich denke schon, dass es auch im Geistigen so ist: Es ist quasi eine Dosisfrage - oder die Frage, wann etwas einwirkt. Ich denke, es kommt darauf an, wie man es definiert.

Gefühle braucht der Mensch. Aber entsprechend falsche oder mengenmässig nicht mehr stimmende Gefühle können schädlich sein.

Industrielle „Giftküche":
Ist Gift hilfreich, das Immunsystem anzuregen und dadurch die Gesundheit zu fördern?

Ich denke mir auch: Wenn ich in einem Umfeld leben würde, in dem ich mich überhaupt nicht entscheiden müsste, was für mich wichtig ist, dann würde ich mich vielleicht auch nicht auf den Glauben besinnen. Wenn ich gar keine Anfechtung hätte, wäre der Glaube wahrscheinlich für mich auch nicht so viel wert. Vielleicht braucht es eben auch das, damit ich mir bewusst bin, was der Glaube überhaupt ist. Wenn mir der Zweifel entgegenkommt: „Ja, bist Du sicher, dass das so ist? Was glaubst Du überhaupt? Was ist das überhaupt?" - Vielleicht ist das eben auch wichtig und förderlich, damit ich für mich selbst entscheiden kann: „Doch, für mich ist das so" - oder - „für mich ist das anders!"

Friedrich Wolff:

Das heisst also mit anderen Worten: Es braucht das Gift, um die Gesundheit zu erarbeiten oder zu bewirken.

Marc Lüthy:

Ich denke schon.

Harry Bruder:

Ich meine, es ist ja auch entscheidend, in welcher Verfassung man sich gerade befindet. Vielleicht genügt manchmal etwas weniger Gift, um jemanden umzubringen, als wenn man gestärkt ist durch irgend etwas - dann braucht es mehr, gerade im Geistigen. Ich habe sicher Zeiten gehabt, in denen es wenig brauchte, um mich aus der Bahn zu werfen. Heute denke ich, dass ich vielleicht gefestigter bin durch

Ergänzende Informationen - Definition der Sexualität:

Sexualität umfasst (beim Menschen) die Gesamtheit der geschlechtlichen Lebensäusserungen. Sexualethisch betrifft dies den Sinngehalt, die Äusserungsformen, die Normen und Folgen sexuellen Verhaltens von Frau und Mann. Dabei kommt eine bestimmte Sexualkultur zum Ausdruck, die der Sexualität im individuellen und gesellschaftlichen Leben zukommt.

Kommentar: Sexualität

Heutzutage kann man über Sexualität offen reden und schreiben. Sie ist kein Tabuthema mehr. Und der aufgeklärte Mensch weiss, dass Sexualität nichts mit „gut" und „böse" zu tun hat - und schon gar nicht „schmutzig" ist. Wenn sie zuweilen in den Schmutz gezogen wird oder bei dem einen und anderen Menschen in die falsche Richtung treibt, so liegt das wohl mehr an dem betroffenen Menschen und seiner Veranlagung (genetische, epigenetische Anlagen und sonstige Einflüsse).

Für den Biologen ist die Sexualität eine Einrichtung der Natur zur Fortpflanzung und Arterhaltung. Der Psychologe sieht in ihr eine Triebkraft. Liebende beglücken sich durch sie. Der Gläubige sollte die Sexualität ebenso bejahen, denn sie wurde schliessendlich von Gott geschaffen - und der Schöpfer hatte wohl nichts Unreines mit ihr im Sinn!

5. Thema: Was sind Feinde des Lebens?

verschiedene Erfahrungen. Nun braucht es mehr, um es für mich gefährlich werden zu lassen.

Daniela Howald:

Ich möchte noch schnell auf Freud zurückkommen. Freud bezeichnete es als „Es": die Schattenseiten unseres Daseins, unsere Gewaltbereitschaft, unsere Sexualität und so weiter, also alles Negative eigentlich. Ich denke, wenn wir nur die schönen Seiten anschauen, dann „versorgen" wir unsere schwarzen oder dunklen Seiten zu fest unter dem Boden. Das gehört zum Menschen! Wir sind traurig, wir werden wütend - das gehört alles zum Menschsein! Und darum braucht es wohl eine Balance. Wenn man gesund ist, hat man das ja auch in der Balance. Aber ich denke, auch die Krise - und das gehört ja eigentlich nicht zu einem guten, positiven Leben - führt einen schliessendlich trotzdem weiter!

Friedrich Wolff:

Manche Dinge, die negativ sind oder die man negativ bewerten würde, haben durchaus positive Wirkungen. Also, ein richtig schöner Ärger, der kann Kräfte freilegen! Deshalb macht man ja „Ärger-Management", damit man die halbe Welt herumdrehen kann zum Positiven!

Man kann natürlich den Ärger auch nehmen, um die Fenster einzuschlagen oder sonstige Zerstörungen zu verursachen. Es kommt auch darauf an, wie man diese Momente steuert oder managed. Ein bisschen Zweifel kann zur Glaubensfestigkeit beitragen. Und, wie

Jede Übertreibung ist schädlich!

Masshalten gilt für alles - auch für einen „guten Tropfen": Zuviel ist zuviel. Aber in angemessener Menge genossen, belebt er die Lebensgeister.

vorhin Harry Bruder sagte, es kommt natürlich auch auf die momentane Situation an, wie stark und wie sicher man in den Schuhen steckt.

Frank Wolff:

Im Biologischen ist es ja wohl so, dass man sagen kann, dass Gift in einer gewissen Dosis sogar weiterbringen kann - ich denke jetzt an Impfungen und so weiter. Im Geistigen mit Sicherheit auch. Im Biologischen ist es dann so, dass die Überdosis vom Nützlichen, dem „Guten" sozusagen, auch tödlich sein kann. Also: Ich kann mich zu Tode fressen, ich kann mich in der Sonne zu Tode bruzzeln. Die Überdosis „Gutes" kann im biologischen Bereich eben auch wieder schädlich sein!

Und das ist jetzt natürlich eine interessante Frage: Kann eine Überdosis vom Guten im Geistigen auch schädlich sein? Zieht man die Analogien heran - und normalerweise hat man immer schöne Parallelitäten - dann wäre das so. Aber ich glaube jetzt wieder, auch aus meiner Rolle heraus: Nein, kann sie nicht!

Ich glaube nicht, dass es eine geistige Überdosis von Gutem gibt. Ich glaube, in diesem Bereich trennen sich die Analogien zwischen dem Biologischen und dem Geistigen. Aber das ist eine Glaubensfrage. Und es gibt ja auch Leute, die ganz klar sagen: Mir reicht eine gewisse geistige, seelische Dosis, und mehr vertrage ich nicht - und darf ich auch nicht, sonst kriege ich „Overkill".

Zusätzliche Information: Polarität

Zwei gegensätzlich geladene Punktladungen ziehen sich gegenseitig an (siehe unten), wobei die Feldlinien von einer Ladung zur anderen verlaufen. Zwei Punktladungen gleicher Polarität stossen sich ab, die Feldlinien verlaufen dabei nicht mehr radial. Die wirkenden Kräfte sind in beiden Fällen gleich gross.

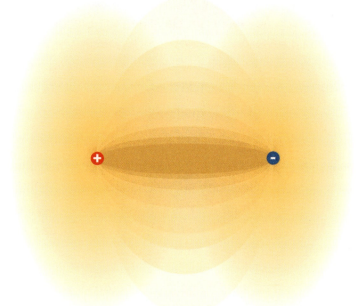

Kommentar:

Die Polarität bestimmt auch das Leben und die Gemeinschaft der Menschen - alles wird bemessen und gewichtet nach den Gesetzen von Gut und Böse.

5. Thema: Was sind Feinde des Lebens?

Daniela Howald:

Ich möchte nur auf das eine antworten: Frank, wenn du verschiedene Religionen anschaust - dort haben wir oft eine Überdosis von Gottesfurcht oder so etwas Ähnliches. Ehelosigkeit zum Beispiel - das ist manchen sehr heilig. Ich denke aber, das klappt doch absolut nicht! Denn da „versorgt" man wirklich gewisse Seiten am Menschen, die aber zum Menschen gehören! Und darum denke ich schon, eine Überdosis von Seelischem ist auch nicht gesund.

Frank Wolff:

Dazu aus meiner Sicht eine Antwort: Ich glaube, das ist nicht eine Überdosis von Gutem. Das ist Schlechtes, was mit Gutem vermischt wird und unter falschem Etikett verkauft wird. Ich habe das so gemeint im Sinne von: Die reine Überdosis Liebe, die reine Überdosis Glaube - und die gibt es, glaube ich, nicht. Ich stimme dir aber absolut zu: Es gibt eine Überdosis überall dort, wo es missverstanden wird, wo komische Sachen hineinkommen, die dann eigentlich sogar Schlechtes sind - nicht Gutes!

Friedrich Wolff:

Fanatismus, „Hundertfünfzig-Prozentige" ...

Marc Lüthy:

Ich denke mir, es geht in die gleiche Richtung. Wer bestimmt, was schlecht ist? Wer bestimmt, was gut ist? Ich meine, das ist eine

Marc Lüthy:
„Adam und Eva: Sie hatten eigentlich nicht viel Negatives um sich herum, und es hat doch nicht funktioniert." (Adam und Eva im Paradies, Gemälde von Lucas Cranach d. Ä., 1472-1553)

menschliche Interpretation. Ich kann etwas als gut empfinden, und jemand anderes findet das genau Gleiche in der genau gleichen Situation nicht gut. Also, ich denke, da müssen wir aufpassen, wenn wir sagen: „Eine Überdosis Gutes". Das widerspricht sich schon selbst!

Ich stelle jetzt einfach einmal ein Bild in den Raum: Adam und Eva. Sie hatten ja eigentlich wirklich nicht viel Negatives um sich herum, und es hat doch nicht funktioniert. Vielleicht braucht der Mensch halt wirklich ein Zusammenspiel, eine Balance von gewissen Dingen - ich weiss es nicht.

Frank Wolff:

Da kommen wir jetzt auf die absolut normative Ebene, auch in Bezug auf das, was nachher den Sinn des Lebens ausmacht. Und auch, wenn es darum geht, ob das Leben eine Zielorientierung hat, dass man sagt: Es gibt eine von aussen gegebene Zielorientierung. Die ist einfach da, die müssen wir uns nicht selbst geben. Das glaube ich oder das glaube ich nicht.

Und genauso glaube ich auch, dass es etwas absolut Gutes gibt, oder ich glaube das eben nicht! Und wenn ich das nicht glaube, wenn ich den normativen Schritt nicht mache, dann gebe ich dir absolut Recht, dann gibt es auch keine klare Definition, was gut ist und was nicht. Ich glaube, dass es hier wirklich schwarz / weiss gibt - ganz krass: schwarz und weiss, gut und schlecht. Und das kommt dann durch verschiedene Filter verschieden an. Es kann etwas sehr gut Gemeintes bei mir schlecht ankommen, weil es eben irgendwie in einem Filter hängen bleibt. Aber, ich glaube: Es gibt gut, und es gibt

Kommentar: Gut und Böse

Zum Menschen gehören ausser den schönen Seiten auch die schwarzen und dunklen Seiten. Wenn man gesund ist, hat man die richtige Balance. Neben einem guten und positiven Leben gibt es auch Krisen, die einem schliessendlich trotzdem weiterführen können.

Aber nicht nur die Dosisfrage, sondern auch kulturelle Faktoren relativieren Gut und Böse. Was in der einen Kultur gut ist und belohnt wird, gilt in einer anderen als böse und wird bestraft.

Zweifellos ist das heutige Universum und damit auch unsere Welt polar aufgebaut zwischen Plus und Minus. Und da die göttlichen Gesetze universell sind, gilt dies gleichermassen für die materielle wie die geistige Welt. Es gibt also grundsätzlich Gut und Böse - mit fliessenden Grenzen und Wertungen. Denn gegensätzliche Pole ziehen sich an. Deshalb sind auch Gut und Böse zueinander relativ. Sie weisen unterschiedliche Distanzen auf und kehren sich manchmal sogar um (zum Beispiel in unterschiedliche Kulturen).

5. Thema: Was sind Feinde des Lebens?

schlecht! Und ich glaube, es gibt wirklich auf der normativen Ebene das eine und das andere. Und dann gibt es natürlich auch die Überdosis oder die grosse Dosis „Gutes" und die Dosis „Schlechtes" - aber, wie gesagt, das ist alles eine Glaubensfrage!

Christina Schmidlin:

Ich denke mir auch, dass es gut und schlecht gibt und Böses und Gutes - sonst müssten wir uns ja nie entscheiden!

Wir haben ja den freien Willen. Und wenn es nur Gutes gäbe, dann müssten wir uns ja nicht entscheiden für etwas. Dann gäbe es eben nur Gutes. Es muss ja das Böse auch geben, damit wir uns immer wieder entscheiden können. Sonst hätte uns Gott ja keinen freien Willen geben müssen.

6.

THEMA

6. Thema: Angst und Furcht - dunkle Mächte der Sorgenwelt?

Friedrich Wolff:

Ich habe jetzt eine weitere Frage: Was ist denn mit der Angst? Ist Angst gut? Ist Angst böse? Hat Angst einen Sinn? Hat sie einen Sinn gegen Menschen oder für Menschen? - Was ist Angst überhaupt?

Harry Bruder:

Was Angst ist? Das ist schwierig zu definieren. Aber sie kann gut, und sie kann böse sein. Angst kann mir das Leben retten in gewissen Situationen. Aber wenn ich jetzt an Lebensangst denke, dann ist das sicher etwas Negatives. Also, es ist wohl sehr schwierig, hier eine allgemein gültige Formulierung zu finden.

Friedrich Wolff:

Was ist der Unterschied zwischen Angst und Furcht? Mit anderen Worten: Ist Furcht besser als Angst? Als Furcht bezeichnet man eigentlich etwas, das sich auf ein Objekt oder Subjekt bezieht. Zum Beispiel: „Ich fürchte mich vor einem Überfall!" Angst wiederum ist das allgemeine Gefühl. Furcht ist also ein Teil der Angst. Und Angst ist eigentlich etwas Hilfreiches, sonst würden wir vielen Gefahren nicht aus dem Weg gehen oder würden von manchen Dingen überrollt, die wir aus Angst meiden.

Also, ich habe immer Angst gehabt, hier aus dem Parkplatz auf die Strasse hinauszufahren, weil die Autos da von unten und von oben

Auch Tiere verfügen über Schutzfunktionen -
Droht dem Igel Gefahr, rollt er sich ein und ist geschützt durch seine Stacheln.
(Photo von Jürgen Howaldt)

angerast kommen. Jetzt gibt es zum Glück die Autobahn, jetzt ist nicht mehr soviel Verkehr. Aber das ist „Lebensangst".

Daniela Howald:

Für mich ist Angst ein Schutz, den wir schon von der Evolution her, von unseren Vorfahren her bekommen haben. Früher war da sicher die Angst vor wilden Tieren, oder von anderen Völkern überfallen zu werden. Also, ich denke, die Angst ist bei uns schon Schutzfunktion, und ich würde die Angst eigentlich als positiv bewerten. Furcht und Angst sind für mich noch schwierig zu trennen. Ich kann mich vor etwas fürchten, das ich schon erlebt habe, denke ich. Aber Furcht würde ich nicht unbedingt als gesund einstufen.

Friedrich Wolff:

Könnte die Furcht als die dunkle Seite der Angst, das dunkle Ende, bezeichnet werden?

Marc Lüthy:

Es ist auch hier wieder die Frage der Menge. Angst ist ja ein generelles Gefühl. Und Furcht, so wie ich es verstehe, ist eigentlich eher zielgerichtet auf irgend etwas. Wenn ich mich fürchte, diese (vormals) gefährliche Strasse zu überqueren, kann diese Furcht, die sehr zielgerichtet ist, vor dem Auto, das mich erfasst und tötet, sehr wohl sinnvoll und lebensrettend sein. Aber wenn ich mich fürchte, alleine aus dem Haus zu gehen oder über einen Platz zu gehen und das mich so lähmt, dass ich nicht existieren kann, dann ist das wieder

Die Angst vor Strafe
dient letztendlich dazu, die vorgegebenen Normen einzuhalten (Wikipedia).

das Gegenteil. Genauso wie bei der Angst auch. Eine gesunde Angst kann in bestimmten Situationen absolut lebensrettend sein. Aber, wenn es eine globale Angst ist - eine Angststörung -, kann das genau Gleiche - obwohl eigentlich etwas Gutes in der einen Situation - dann plötzlich zu etwas Negativem, zu etwas Schlechtem werden. Ich würde nicht unterscheiden zwischen Furcht = böse und negativ und Angst = gut und positiv. Beides muss sein, aber auch hier muss wieder die Balance stimmen in der entsprechenden Situation.

Beat Widmer:

Und wenn wir unsere Rechtsordnung betrachten, muss man ja schon auch sagen: Ein gutes Stück weit ist es doch so, dass die Normen deshalb eingehalten werden, weil man sich letztlich davor fürchtet oder davor Angst hat, wie auch immer, die Normen zu verletzen und dann Sanktionen in Kauf nehmen zu müssen. Gut, es soll Leute geben, die das aus Vernunft tun, sich an die Gesetze zu halten.

Aber letztlich ist doch immer die Drohung da: „Wenn du dich nicht an diese oder jene Vorschrift hältst, wirst du bestraft!" Und das führt dann eben dazu, dass man sich mehr oder weniger „freiwillig" so verhält, wie das erwartet wird. Also, da hat die Angst doch auch eine durchaus positive oder sogar unentbehrliche Wirkung!

Frank Wolff:

Ich würde das auch unterstützen. Ich glaube, Angst ist in dem System „Lebendes Wesen" ein systemerhaltender Mechanismus, der einfach garantiert, dass das System weiterlebt, und der das Fortkom-

Vorsichtig pirscht sich der Hund an eine gewitterte Gefahr heran.
Hunde wissen nichts von Gut und Böse, sie leben instinktiv. Angst dient ihnen zum Schutz vor Gefahren und schliesslich zur Arterhaltung.

men, das Überleben des Systems garantiert. Sei es, dass auch im organisatorischen Leben sich deshalb Institutionen oder Menschen an Gesetze halten. Das heisst dann auch, dass man sich nicht übermässig in Gefahr bringt.

Ich glaube, Angst hat keine über das eigentliche Leben hinausgehende Bedeutung. Es ist einfach dann ein Problem, wenn es zu Fehlfunktionen bezüglich der Angst kommt. Also auch da wieder die Frage der Dosis, was wir vorhin hatten. Aber sonst betrachte ich die Angst wirklich als ein systemimmanentes Steuerungselement, das einfach nur den Zweck hat, das System überleben zu lassen. Und solange die Steuerung nicht gestört ist, ist das auch nichts Negatives.

Friedrich Wolff:

Darf ich unseren Hund hier als Beispiel nehmen für Ängste, die intuitiv entstehen?

Wenn wir unsere Hundedame morgens in den Garten schicken und es ist noch dunkel, dann fängt sie prompt an zu kläffen. Sie kläfft da rum, sie kläfft dort rum, hat einfach Angst - und kläfft aus Angst und vertreibt da ihre imaginären Feinde! Als das Erdbeben war, kam sie total durcheinander vor Angst - weil sie das nicht einschätzen konnte. Ich würde sagen, sie ist ein bisschen zu ängstlich. Und damit wären wir wieder beim Mass, bei der Dosis: Sie ist ein bisschen zu ängstlich.

Der Hund weiss nichts von Gut und Böse, sondern handelt eben instinktiv. Und da kann man dann am besten sehen, wie sich Angst

„Die gute alte Zeit" war auch nicht besser als die heutige,
sondern ein Lebensraum voller Ängste.

auswirkt. Also, das nur mal als kleine „Illustration".

Armin Ellenberger:

Existenzangst oder Existenzängste - was kann das bei euch, bei jedem einzelnen von euch, auslösen? Ich denke da zum Beispiel: Arbeitslosigkeit könnte Angst auslösen. Verlust kann auch eine Existenzangst bewirken. Angehörige oder Freunde zu verlieren, ist wieder eine andere Angst.

Marc Lüthy:

Ich denke mir auch hier wieder: Wenn ich als Familienvater eine gewisse Grundexistenzangst habe und mir bewusst bin, was passiert, wenn ich jetzt meinen Job einfach leichtfertig aufs Spiel setzen und dementsprechend meine Existenz gefährden würde - da ist eine gewisse Existenzangst oder einfach ein gewisses Bewusstsein - „was brauche ich für die Existenz?" - in dem Sinn wieder gut. Aber wenn dann quasi nur noch die Existenzangst da ist und lähmend wirkt, und man gar nicht mehr fähig ist, aus einem gewissen Teufelskreis herauszukommen und sich nur noch auf die Angst besinnt, dann sind wir wieder auf der Seite angekommen, wo zuviel schädlich ist!

Beat Widmer:

Ich möchte nochmal am Beispiel mit dem Hund anknüpfen. Wir haben es als Menschen natürlich insofern schwieriger, dass wir uns Szenarien vorstellen können in die Zukunft hinein, was, wie ich an-

Ergänzende Informationen: Ängste

Angst gehört zur „Grundausstattung" des Menschen. Das Angstgefühl hinterlässt einen unangenehmen Gefühlseindruck. Man will etwas vermeiden oder Gefahr abwehren.

Die Begleiterscheinungen: Unsicherheit, Unruhe, Erregung, Denk- und Wahrnehmungsblockaden, Anstieg der Puls- und Atemfrequenz, mitunter Zittern und Schweissausbrüche.

Existenz- und Lebensängste, Angst vor Verlust des Arbeitsplatzes oder Angst vor dem Alleinsein, dem Tod eines Geliebten sind natürlich und gerechtfertigt. Es gibt aber auch übertriebene Ängste oder Schwarzsehen. Diese verdunkeln das Leben.

Kommentar: Gleichgewicht

Abhängig von der persönlichen Konstitution, der Einstellung, aber auch von der Glaubenskraft kann sich ein Gleichgewicht zwischen der Angst beziehungsweise Furcht und dem tatsächlichen Gefahrenpotenzial einstellen.

....

6. Thema: Angst und Furcht - dunkle Mächte der Sorgenwelt?

nehme, der Hund nicht kann oder nur sehr beschränkt. Aber wir können uns ja alles Mögliche ausmalen. Und es ist erfahrungsgemäss ja so: Je besser es einem geht, desto mehr solcher Szenarien bieten sich an. Was könnte man alles verlieren! Was könnte alles schief gehen? Da kann man sich wirklich soweit hineinsteigern, dass man vor lauter Sorge fast vergeht und letztlich vergisst, dass es einem eigentlich gut geht. Und das ist natürlich eine gewisse Gefahr, dass dann das Gleichgewicht nicht mehr stimmt.

Dass man sich Sorgen macht, zeigt ja andererseits auch, dass man sich bewusst ist: Man hat gewisse Dinge, die man verlieren könnte - Dinge, die man liebt und schätzt. Das gehört ein Stück weit dazu. Das bestimmt auch in gewissem Umfang das eigene Verhalten. Man sagt sich: „Ich will das nicht aufs Spiel setzen." Aber es ist wahrscheinlich wiederum eine Frage des Gleichgewichts zwischen diesen beiden Seiten. Und wenn das auf die eine oder die andere Seite kippt, wird man entweder übermütig und vergisst, sich Sorgen zu machen und setzt alles leichtfertig aufs Spiel, oder man verfängt sich derartig in diesen Sorgen, dass man kaum mehr dazu kommt zu leben. Also muss auch da ein Gleichgewicht bestehen.

Friedrich Wolff:

Das führt dann ins Schwarzsehen. Da gibt es den berühmten Satz: „Man soll das Schwarze sehen, aber nicht schwarzsehen". Also, man muss eben auch da wieder feststellen: Die Dosis macht das Gift. Übertriebene Angst oder Schwarzsehen verdunkeln das Leben. Aber zu wenig Angst macht leichtsinnig.

Ein Gewitter braut sich zusammen.
Blitz und Donner bereiten den Menschen Furcht und Schrecken.

Harry Bruder:

Wenn man einen festen Glauben hat, denke ich schon, dass man diese Existenzängste in den Hintergrund stellen kann. Ich denke doch immer wieder, ich habe ja noch eine „letzte Instanz". Ich kann mich dorthin wenden. Wenn ich die nicht hätte, dann würde ich vielleicht doch eher schwarzsehen.

Frank Wolff:

Also, eine Bemerkung dazu: Ich sehe es auf der Ebene, wo man bewusst an das Leben rangeht, absolut gleich. Auf der anderen Seite muss man natürlich schon sehen, wenn Angst auch eine biologische Fehlfunktion sein kann und möglicherweise zu Depressionen führt - also ein Gemisch aus biologischen Fehlfunktionen und psychischen Loops - dann können auch mit einem noch so starken Glauben solche Fehlfunktionen nicht vollständig korrigiert werden. Also, ich glaube, es wäre falsch, wenn man zu einem Depressiven gehen und sagen würde: „Du glaubst nicht genug!"

Friedrich Wolff:

Ja, das ist gar nicht so einfach, weil man seinen persönlichen Standpunkt hat, und von dem herab sieht man das! Wenn beispielsweise beruflich etwas nicht mehr läuft, eine Arbeitsstelle keinen Spass mehr macht wegen Mobbing und Streitereien oder Missgunst - es geht einfach nicht mehr, man hält es nicht mehr aus - dann kann man entweder sich in Angst verzehren: „Die Stelle geht kaputt, ich habe kein Einkommen mehr!" Oder man kann sagen: „Ich suche mir et-

Viele Tiere leben im Freien und sind den Unbilden der Natur ausgeliefert - doch meist nicht schutzlos. Sie finden Geborgenheit in Höhlen und Nischen im Gemäuer.

So mancher Mensch fühlt sich den Unbilden seines Lebens ausgeliefert. Wie tröstlich, wenn er wenigstens „Fragmente" des Glaubens findet, in denen er Schutz und Geborgenheit suchen kann.

was Neues!" - verbunden mit der Einstellung: „Ich habe ja eine Rückendeckung, eine Macht hinter mir, der ich mich anvertrauen kann."

Beat Widmer:

Ich möchte den Gedanken von Harry Bruder noch etwas relativieren. Selbst mit einem starken Glauben kann ich ja nicht ernsthaft
davon ausgehen, dass mir nichts passieren kann. Ich muss ja damit rechnen, dass mir genau das, was jedem anderen passieren
kann, auch zustösst. Also, alles, was ich habe, kann ich letztlich
verlieren! Ich kann mich nicht rein auf der Tatsache des Glaubens
ausruhen und sagen: „Ich brauche keine Angst zu haben!" Was ich
weiss, ist: Wenn so etwas geschieht, dann ist das von Gott zugelassen, dann habe ich Rückendeckung - wie Friedrich Wolff gesagt
hat.

Das ist alles schön und gut, aber das allein erspart mir natürlich
letztlich die Sorge oder die Angst nicht! Ich weiss einfach, wenn so
etwas geschieht, dann ist eine Kraftquelle da, ist ein Trost da.

Aber, ob etwas gar nicht geschieht, oder ob es geschieht und ich
dann getröstet werde - das ist natürlich nicht dasselbe. Das muss
man schon sehen. Ich weiss einfach, ich bin dann viel besser geborgen und aufgehoben, ich habe Unterstützung, ich kann es
vielleicht verarbeiten.

Aber, dass es nicht zustösst, das kann ich ja wohl nicht unterstel-
len! Damit muss ich mich abfinden.

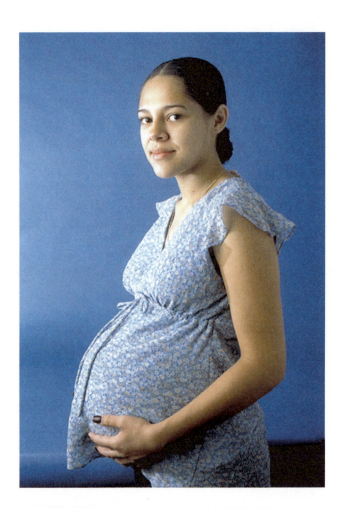

Eine werdende Mutter kann grosse Schmerzen bei der Geburt ertragen,
weil sie sich auf ihr Kind freut (Bild: Wikipedia).

Friedrich Wolff:

Aber auch hier kommt es sehr auf die eigene Einstellung an, wie man positioniert ist - dementsprechend trägt man mehr oder weniger.

Marc Lüthy:

Natürlich hat die Einstellung eine gewisse Bedeutung, und ich kann dann mehr oder weniger aushalten. Das ist gleich wie im Biologischen auch. Wenn wir die Schmerzen bei der Geburt anschauen: Wenn wir die einfach so hätten - jetzt plötzlich, massivste Schmerzen - dann gingen wir vielleicht zugrunde. Eine Frau erträgt das, weil es in einem ganz anderen Kontext ist.

Und, ich denke auch: Wenn ich jetzt eine gewisse Existenzangst habe, dann weiss ich vom Glauben her, was da sonst noch alles da ist und habe eine gewisse Einstellung dazu - das ist ja schon gut und recht. Aber, wenn ich dann arbeitslos werde und die ganze Spirale kommt, dann kann ich das nicht einfach mehr nur so - quasi als „Plausch" - ansehen und sagen: „Es geht alles gut aus!"

Zumindest in meiner Situation - ich gebe das offen zu - wäre da irgendwann mal der Punkt erreicht, wo ich sagen muss: „Es ist einfach gar zu viel!"

Und, ich denke mir, da spielt jetzt wieder die individuelle Konstitution eine Rolle. Beim einen kann enorm viel passieren - Paradebeispiel: Der Hiob. Dem wurde alles genommen. Und der hat immer noch geglaubt, und es war für ihn o.k.! Jemand anderes, der hat nicht so einen starken Glauben.

Ergänzende Informationen: Hiob

Das Buch „Hiob" ist nach Inhalt und Form ein Meisterwerk hebräischer Dichtung, welches in der Bibel wiedergegeben wird und von grosser Weisheit zeugt. Die Einleitung erzählt von Hiobs Gottvertrauen und dem Segen Gottes. Als es ihm dann schlecht erging und er sein Hab und Gut, seine Frau und seine Kinder verlor, liess er sich nicht aufwiegeln gegen Gott, sondern sagte die bedeutsamen Worte: „Der Herr hat's gegeben, der Herr hat's genommen, gelobt sei der Name des Herrn" (Das Buch Hiob, Kapitel 1, Vers 21).

Hintergrund war ein „Poker" Satans gegenüber Gott, dass er Hiob von ihm abtrünnig machen könne, wenn er den Segen Gottes von ihm nehmen würde. Aber Hiob blieb standhaft und liess sich trotz aller Verluste nicht in der Welt der Sorgen überwältigen.

Kommentar: Sorgenwelt

Die dunkle Welt der Sorgen gehört allein den Menschen. Lebewesen wie Pflanzen und Tiere machen sich keine Sorgen. Warum nicht? Weil sie nicht die Fähigkeit haben, in die Zukunft zu denken. Sie vertrauen auf die Versorgung durch die Natur und leben in der Gegenwart.

Dem Menschen wird die Erfahrung aus der Vergangenheit, sein Denkvermögen und der (beschränkte) Blick in die Zukunft zum Verhängnis. Dabei sind rund 85% der Befürchtungen und Sorgen geradewegs unnötig, weil die befürchteten Ereignisse nie eintreten. Mit etwas mehr Vertrauen und Zuversicht könnte man sich manche Sorge ersparen.

6. Thema: Angst und Furcht - dunkle Mächte der Sorgenwelt?

Ich nehme jetzt mal mich. Ich habe viel früher eine Grenze. Irgendwann ist trotz Glauben auch bei mir mal fertig. Und ich denke mir,
auch hier ist - ich wiederhole mich wahrscheinlich immer wieder -
die Dosis entscheidend, ebenso wie die Konstitution, die persönlichen Ansichten, die persönliche Gesundheit, sei es geistig oder biologisch gesehen. Das alles spielt eine Rolle dabei! Wieviel ertrage
ich? Wieviel kann gesund sein? Wieviel kann schädlich sein? Wann
ist es zuviel? Wann ist es zu wenig?

Friedrich Wolff:

Ja, wir kommen da zu einem sehr interessanten Schluss dieser
beiden Fragen: „Was ist Angst?" - „Wie gehen wir um mit der Angst?"
Das, was Marc Lüthy eben gesagt hat, fasst eigentlich das ganze
Thema zusammen: Persönliche Konstitution, Standpunkt, Glaube,
Veranlagung, aber auch die Umwelt erzeugen Wechselwirkungen,
welche die Angst entweder mehr oder weniger aufblühen lassen.

7.

THEMA

7. Thema: Schwangerschaftsabbruch - Abtreibung

Armin Ellenberger:

Aus der Angst heraus kann auch ein gewaltsamer Tod entstehen. Ich denke jetzt an einen Suizid als Folge davon, dass man vielleicht mit der Angst nicht mehr umgehen konnte. Das sind keine Schuldfragen, die wir jetzt stellen. Aber das ist etwas, was bei jedem Menschen geschehen könnte.

Es sind ganz verschiedene Dinge, die zu einem gewaltsamen Tod führen können. Fangen wir mal vorne an - mit der Abtreibung. Zu einer Abtreibung könnten auch Existenzängste oder Ängste partnerschaftlicher Seite führen. Wie stellt ihr Euch zur Frage der Abtreibung?

Friedrich Wolff:

... Auch losgelöst von der Angst. Eine Abtreibung kann aus Angst geschehen - zum Beispiel vor der Lebenssituation. Es kann aber auch sein, dass jemand sagt: „Sollte ich ein Kind empfangen, treibe ich es ab!" Also - das ganze Spektrum der Motive und Gefühle stellt sich hier zur Diskussion.

Harry Bruder:

Ich denke, es ist sehr gefährlich, hier etwas zu generalisieren. Ich würde sagen, ich selbst bin gegen Abtreibung. Aber es wird Situationen geben, in denen man eine Abtreibung trotzdem bejahen würde. Man darf das einfach nicht generalisieren.

Das vergessene Grab
Ungeborene leben nach erfolgter Abtreibung gemäss unseres Wissens als geistig-seelische Wesen weiter - allein und verlassen. Kein Grabstein erinnert an sie. Oft wird ein solches Kind ignoriert oder gar vergessen.

Friedrich Wolff:

Ja, nach meiner Meinung ist es genauso, wie du sagst: Grundsätzlich ist Abtreibung Tötung. Und eine Tötung darf nicht auf die leichte Schulter genommen werden. Aber es gibt Situationen, in denen es für Mutter oder / und Kind besser ist, das natürliche Leben des Kindes zu beenden - zum Beispiel, wenn das Leben der Mutter gefährdet ist, oder wenn das Überleben des Kindes ausgeschlossen werden muss, oder wenn von vornherein bekannt ist, dass das Kind missgebildet zur Welt kommt. Da wird es dann schon zum Grenzfall. Aber es kann der ärztliche Rat sein, das Kind lieber nicht ins Leben zu schicken. Also, mit anderen Worten, man kann nicht sagen: „Abtreibung? - grundsätzlich nein!" Man kann auch nicht sagen: „Abtreibung - grundsätzlich ja!" Es kommt sehr auf den Einzelfall an. Meiner Meinung nach ist wichtig: Wenn eine Abtreibung unvermeidbar ist, darf man das Ungeborene nicht einfach vergessen. Die Seele lebt und braucht Liebe - wie jedes andere Kind auch!

Marc Lüthy:

Ich möchte einfach kurz intervenieren, was den Begriff „behindert" angeht. Ich denke, da muss man ganz, ganz vorsichtig sein! Weil, schliesslich geht es ja auch darum: Was definieren wir als Leben oder als lebenswertes Leben? Und das ist eine ganz, ganz schwierige Frage. „Behindert" - das ist ein so grosser Themenkreis.

Wenn wir ein Kind mit Trisomie-21 haben - also Mongolismus, Downsyndrom, wie man auch sagt - und das einfach als behindert anschauen und sagen: „Behindert gleich Abtreibung ist o.k.", dann begehen wir einen wahnsinnigen Fehler in meinen Augen! Denn ich kenne

Empfängnis-Verhütung:
Man muss ja nicht unbedingt Jungfrau bleiben - felsenfest und eiskalt, wie jenes Bergmassiv im Berner Oberland -, um eine Schwangerschaft zu vermeiden.

behinderte Kinder, die haben ein Leben - das ist lebenswert! Da hat manch ein formal Gesunder wahrscheinlich ein viel schlimmeres Leben. Ich denke mir, sobald es darum geht zu entscheiden, ob das Leben lebenswert ist, ist das eine ganz heisse Frage. Die muss gut abgestützt sein. Ich denke mir auch, der Kontext ist wichtig, um sagen zu können, wann macht eine Abtreibung Sinn, wann macht sie nicht Sinn.

Wir haben diverse Beispiele gehört. Da gehe ich nicht weiter darauf ein. Was mir vor allem wichtig ist: Wenn man schon sagt, Abtreibung bedeutet, mögliches Leben zu töten, dann müsste der Prozess auch vorne anfangen: Dass ich mir bewusst bin - vorher - als Frau, als Mann: „Das kann alles passieren!" Und wenn ich persönlich sage: „Ich bin gegen Abtreibung!"- dann bedeutet das eben auch, dass ich vorher etwas mehr überlege und alles das tue und mache, damit ich nicht in diese Situation komme!

Friedrich Wolff:

... also Empfängnisverhütung. Man muss ja nicht unbedingt Jungfrau bleiben, um eine ungewollte Schwangerschaft zu vermeiden.

Christina Schmidlin:

Ich denke mir, wie es nun auch immer ist mit der Abtreibung - ob jetzt eine vergewaltigte Frau abtreiben will oder muss - sei es, wie es will: Die Verletzung der Seele - beider Seelen, die der Mutter und die des Kindes, - wird immer sein. Daran kann niemand vorbeigehen, ob er will oder nicht!

Viele Frauen wurden im Verlauf von Kriegen vergewaltigt.
Wie schwer mag es ihnen fallen, das dabei empfangene Leben zur Welt zu bringen!
(Bild: Wikipedia)

Vorhin wurde gesagt, man muss an das Kind denken. Ich denke mir: Man muss auch an die Mutter denken in all den Situationen, weil man das nie mehr trennen kann. Das wird immer eine Verletzung für die Seele sein - wo auch immer, wie auch immer.

Armin Ellenberger:

In dieser Situation stelle ich mir vor allem jetzt Bosnien vor, wo viele Frauen Kriegsopfer waren, vergewaltigt wurden. Und da ist es natürlich für solche Frauen und Mütter unglaublich schwer, ein solches Kind zur Welt zu bringen. Das müssen wir einfach in den Raum stellen. Oder wie seht ihr das?

Friedrich Wolff:

Und dann ist es auch noch ein grosser Unterschied, ob ein Mann oder eine Frau das beurteilt. Also, da sind sicherlich grosse Unterschiede in der Bewertung einer solchen Frage.

Frank Wolff:

Ich würde das auch absolut unterschreiben, dass eine Abtreibung eine extrem individuelle Sache ist, dass man das definitiv nie über einen Kamm scheren kann. Vielleicht hilft es, ein bisschen Struktur hineinzubringen, wenn wir betrachten, was die Kirchen dazu sagen oder wie sie gewisse Begriffe neuerdings noch ein bisschen klarer unterscheiden. Man redet ja inzwischen vom „Sündenbegriff" - Sünde auf der einen Seite, und auf der anderen Seite von der Schuld, die mit der Sünde verbunden ist.

....

Schwangerschaftsabbruch - die psychologische Seite:
Eine verantwortungsvolle Frau fühlt eine Belastung, welche sie auf sich lädt, eine gewisse Schuld gegenüber ihrer eigenen Leibesfrucht. Sie bricht die Brücke ab - die Brücke der Liebe zwischen sich und ihrem Kind (Gemälde von G. Hanemann).

Ich glaube, Abtreibung ist Tötung. Und Tötung ist Sünde. Das glaube ich jetzt einfach. Und wenn wir Leben so definieren, wie wir das vorhin gesagt haben, dann ist das eine Sünde - Tötung ist eine Sünde! Die Schuldfrage - welche Schuld lade ich da auf mich? - ist eine ganz andere. Das Beispiel, das Armin Ellenberger genannt hat, mit den Kriegsopfern und so weiter, wo niemand von uns urteilen könnte: Lädt man da überhaupt noch eine Schuld zusätzlich auf sich?

Und dann die anderen Sachen: Wenn man sagen muss, es wird absolut leichtfertig abgetrieben, weil es dem Vergnügen im Leben und der persönlichen Lebensplanung jetzt noch nicht so ganz entspricht - wo man wahrscheinlich dann durch den leichtfertigen Umgang mit dem Leben eben doch eine gewisse Schuld auf sich lädt - eine heftige Schuld vielleicht! Ich glaube, es dient zum Verständnis, dies auch noch so ein bisschen in den Kontext zu stellen.

Beat Widmer:

... Das gibt mir gleich die Möglichkeit, hier noch die rechtliche Seite einzuflechten. Genau diese Abwägung, die Interessenabwägung oder die Frage nach Schuld beziehungsweise Nichtschuld, ist ja selbst ins sehr grobe Raster des Strafrechts eingeflossen. Der Abbruch einer Schwangerschaft ist unter gewissen Voraussetzungen straflos, beispielsweise dann, wenn die Gefahr einer schwerwiegenden körperlichen Schädigung oder schweren seelischen Notlage besteht. Genau diese Schuldüberlegung spielt also auch im Strafrecht eine wichtige Rolle!

Auch bei der Fristenlösung muss übrigens von der Frau mindestens geltend gemacht werden, sie befinde sich in einer Notlage. Auch da

Ergänzende Informationen :
Auszug aus dem deutschen Strafgesetzbuch

§ 218 StGB (Abbruch der Schwangerschaft)

(1) Wer eine Schwangerschaft abbricht, wird mit Freiheitsstrafe bis zu 3 Jahren oder mit Geldstrafe bestraft. Handlungen, deren Wirkung vor Abschluss der Einnistung des befruchteten Eies in der Gebärmutter eintritt, gelten nicht als Schwangerschaftsabbruch im Sinne des Gesetzes.

(2) In besonders schweren Fällen ist die Strafe Freiheitsstrafe von 6 Monaten bis zu 5 Jahren. Ein besonders schwerer Fall liegt in der Regel vor, wenn der Täter

1. gegen den Willen der Schwangeren handelt oder

2. leichtfertig die Gefahr des Todes oder einer schweren Gesundheitsschädigung der Schwangeren verursacht…

(3) Begeht die Schwangere die Tat, so ist die Strafe Freiheitsstrafe bis zu 1 Jahr oder Geldstrafe.

(4) Der Versuch ist strafbar. Die Schwangere wird nicht wegen Versuchs bestraft.

§ 218 a StGB (Indikation zum Schwangerschaftsabbruch)

(1) Der Tatbestand des § 218 ist nicht verwirklicht, wenn

1. Die Schwangere den Schwangerschaftsabbruch verlangt und dem Arzt durch eine Bescheinigung nach § 219 Abs. 2 Satz 2 nachgewiesen hat, dass sie sich mindestens 3 Tage vor dem Eingriff hat beraten lassen,

2. der Schwangerschaftsabbruch von einem Arzt vorgenommen wird und

3. seit der Empfängnis nicht mehr als 12 Wochen vergangen sind.

(2) Der mit Einwilligung der Schwangeren von einem Arzt vorgenommene Schwangerschaftsabbruch ist nicht rechtswidrig, wenn der Abbruch der Schwangerschaft unter Berücksichtigung der gegenwärtigen und zukünftigen Lebensverhältnisse der Schwangeren nach ärztlicher Erkenntnis angezeigt ist, um eine Gefahr für das Leben oder die Gefahr einer schwerwiegenden Beeinträchtigung des körperlichen oder seelischen Gesundheitszustandes der Schwangeren abzuwenden, und die Gefahr nicht auf eine andere für sie zumutbare Weise abgewendet werden kann.

(3) Die Voraussetzungen des Absatzes 2 gelten bei einem Schwangerschaftsabbruch, der mit Einwilligung der Schwangeren von einem Arzt vorgenommen wird, auch als erfüllt, wenn nach ärztlicher Erkenntnis an der Schwangeren eine rechtswidrige Tat nach §§ 176-179 des Strafgesetzbuches begangen worden ist, dringende Gründe für die Annahme sprechen, dass die Schwangerschaft auf der Tat beruht und seit der Empfängnis nicht mehr als 12 Wochen vergangen sind.

(4) Die Schwangere ist nicht nach § 218 strafbar, wenn der Schwangerschaftsabbruch nach Beratung (§ 219) von einem Arzt vorgenommen worden ist und seit der Empfängnis nicht mehr als 22 Wochen verstrichen sind. Das Gericht kann von einer Strafe nach § 218 absehen, wenn die Schwangere sich zur Zeit des Eingriffs in besonderer Bedrängnis befunden hat.

7. Thema: Schwangerschaftsabbruch - Abtreibung

hat man wenigstens noch eine kleine Schranke eingebaut - abgesehen von der Beratung, die ja obligatorisch dazu gehört.

Noch etwas, was ich vorhin schon einmal angedeutet habe: Das Gesagte bezieht sich lediglich auf die Grenze der Strafbarkeit. Das heisst noch nicht, dass ein strafloser Schwangerschaftsabbruch moralisch, ethisch, religiös ebenfalls gerechtfertigt sein muss. Für diese Fragen gelten ja nicht unbedingt die gleichen Massstäbe. Aber man hat gewisse Grundprinzipien soweit möglich in die Strafrechtsregelung mit einbezogen.

Beat Widmer (nach kurzer Pause):

Kann ich das noch schnell ergänzen?

Die Strafrechtsregelung knüpft an die Frage an, wo ein öffentliches Interesse vorhanden ist, dass man etwas verbietet und es entsprechend auch bestraft.

Wenn wir uns im ganz persönlichen Bereich bewegen und der Staat findet, das ist nun wirklich die persönliche Entscheidung der betroffenen Eltern und das geht den Staat soweit nichts an - mit anderen Worten, es besteht kein öffentliches Interesse daran, das zu unterbinden -, dann klammert man das betreffende Verhalten eben aus. Man überlässt es der Verantwortung der Eltern. Es ist aber nicht gesagt, dass das Verhalten damit gerechtfertigt und in Ordnung wäre. Nur das öffentliche Interesse ist nach dem Entscheid des Gesetzgebers ausgeschlossen, und deshalb ist das Verhalten nicht strafbar.

8. Thema: Sterben und Selbsttötung (Suizid)

Armin Ellenberger:

Zu dem Thema „gewaltsamer Tod" habe ich noch etwas, das mich selbst auch immer wieder beschäftigt. Jeder Mensch ist wie ein Buch, ein Lebensbuch. Und wenn dann das Lebensbuch einfach abgebrochen wird oder von sich aus bei einem Suizid zugeklappt wird, ist in meinen Augen das Lebensbuch einfach nicht fertig geschrieben. Also, ich habe es selbst zugeklappt. Das wäre vielleicht auch noch ein Gesichtspunkt zur Selbsttötung, dem Suizid.

Friedrich Wolff:

Also, man hat die Entwicklung gestoppt, die Reifung des Lebens irgendwo unterbrochen.

Marc Lüthy:

Ich denke mir, wenn jetzt Personen dieses Buch lesen, weil sie sich in einer kritischen (*suizidgefährdeten, Red.*) Situation befinden, werden oder würden sie etwas aus dieser Situation herausgeführt und bestimmte Dinge vielleicht ganz anders sehen.

Und ich denke mir, zumindest das muss man als Chance oder als Aufgabe für sich selbst sehen: Wenn man wirklich mal in eine solche Situation kommt, dass man doch zumindest noch versucht - auch wenn es schwierig ist -, Hilfe zu holen, damit man mal etwas mehr sieht, damit man nicht immer nur den Blickwinkel hat, der einfach nur

Die Selbsttötung hinterlässt ein unvollständiges Werk, eine „Bauruine"
(wie zum Beispiel bei Mord, Totschlag oder einem tödlichen Unfall). Man könnte
das mit einer Baustelle vergleichen, welche aus irgendwelchen Gründen stecken
blieb - eine sogenannte Bauruine.

katastrophal ist. Sondern dass man vielleicht schaut: „Gibt es vielleicht noch eine Besserung? Gibt es einen Ausweg?"

Mir scheint auch, für uns andere ist es wichtig, dass wir die Antennen gut ausfahren, hellhörig sind in bestimmten Situationen. Denn, ich denke mir, wenn jemand den Entschluss hat, sein Leben vorzeitig zu beenden, dann ist das sein Entschluss. Wichtig ist für uns, dass man vielleicht noch andere Lösungen, Alternativen darstellt. Viele Personen, die eine versuchte Selbsttötung überlebt haben und aus der Situation herausgekommen sind, die so katastrophal für sie war, die werden das vielleicht nicht nochmals tun.

9. Thema: Sterbehilfe, Palliative Care und Selbstbestimmung

Friedrich Wolff:

Ja, das führt jetzt zu einem hochaktuellen Thema, das nicht nur Ärzte und Pflegende anspricht, sondern jeden „todgeweihten" Menschen. Denn jeder Sterbende sieht sich ja dem Tod gegenüber. Wenn jemand so schrecklich dran ist, dass er nicht mehr weiterleben kann, dass er das Leben nicht mehr ertragen kann, dann kann man verstehen, wenn er den Tod sucht.

Ich will das Thema Sterbehilfe mal ganz kurz aufreissen: Da gibt es die aktive Sterbehilfe: „Spritze und weg!" Das ist Totschlag und ist strafbar. Dann gibt es die passive Sterbehilfe: „Stecker raus!" Das heisst: Lebensverlängernde Massnahmen werden eingestellt. Aber das heisst auch: Leiden lassen. Dann gibt es die indirekte Sterbehilfe, die Beihilfe zum Suizid. Und dann gibt es die palliative Sterbehilfe. Da wird passive Sterbehilfe verbunden mit Symptomkontrolle und Schmerztherapie, begleitenden Pflegemassnahmen und seelischer Betreuung.

Das bedeutet dann, es werden nicht nur Stecker herausgezogen, sondern gleichzeitig wird der sterbende Patient schmerzfrei gehalten. Es wird eine Schmerztherapie gemacht, die unter Umständen das Leben verkürzen kann. Es wird also in Kauf genommen, dass durch die Schmerztherapie das Leben verkürzt wird. Aber es wird nicht beendet, weder durch Todesspritze noch durch Suizidbecher, den der Arzt dem Patienten reicht. Denn bei der bedingt aktiven Sterbehilfe muss der Patient den Becher selbst zum Mund führen.

Begriffserklärung:

Sterbehilfe: Handlungen oder Unterlassungen von Massnahmen, die das Sterben ermöglichen oder
fördern, den Leidensweg eines Sterbenden
verkürzen (passive Sterbehilfe) oder beenden
(aktive Sterbehilfe).

Sterbebegleitung: Individueller, spezifischer Einsatz einer Person
zur Versorgung eines Sterbenden (Arzt oder
Pfleger, gegebenenfalls Angehörige oder
Seelsorger, sonstige Helfer).

Sterbebetreuung: Ganzheitliche Versorgung eines Sterbenden
durch ein Team von Fachkräften, welche sich in
die medizinische, pflegerische, persönliche,
spirituelle und fachliche Betreuung teilen.

Erklärung der Begriffe Sterbehilfe, Sterbebegleitung und Sterbebetreuung
(wie sie hier Verwendung finden).

So, das sind die vier Arten von Sterbehilfe, und darunter fällt eben die Suizidlösung, die in der Schweiz erlaubt ist.

Marc Lüthy:

Darf ich einfach aus ärztlicher Sicht den praktischen Alltag noch kurz einbringen?

Als erstes möchte ich etwas zur Schmerztherapie sagen: Ich persönlich finde, Schmerztherapie hat nicht zwingend etwas mit aktiver, passiver Sterbehilfe oder was auch immer zu tun. Man kann eine gute oder verhältnismässig gute Schmerztherapie machen. Und das ist auch ein absolutes Muss. Wenn man sagt, man will keine Sterbehilfe - keine passive Sterbehilfe, dann heisst das nicht, dass man elendig leiden muss, etwas dazwischen gibt es nicht. Also, man kann sehr wohl ganz normal sterben ohne Schmerzen. Das müsste machbar sein. Das ist wirklich auch ein Anspruch in der heutigen sehr technisierten Situation der Medizin.

„Stecker raus - Stecker rein" ist für mich auch ein bisschen sehr simpel ausgedrückt. Ich möchte es einfach kurz aus meiner Sicht sagen: Bei der passiven Sterbehilfe ist ein Prozess vorhanden, der Sterbeprozess. Der wird ablaufen, das ist klar; die Diagnosen sind gestellt. Und was man jetzt macht mit der passiven Sterbehilfe, das ist, dass man Medikamente gibt, bei denen man den Tod in Kauf nimmt, mit denen man allenfalls den Sterbezeitpunkt etwas vorverlegt. Aber man macht nichts Aktives, damit der Patient stirbt. Und man kann auch gewisse Handlungen unterlassen, wie zum Beispiel Antibiotikatherapien.

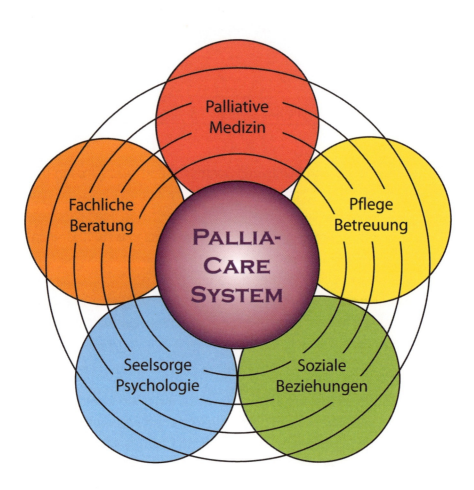

PalliaCare System:
Ein Netzwerk verschiedener Fachkräfte betreut den Patienten mit dem Ziel, ein schmerzfreies, würdiges Sterben zu ermöglichen (aus STERBEN ERLEBEN - Band I, Verlag Cosmosophia, 2007).

„Den Stecker herauszunehmen" - das versucht man eigentlich in aller Regel zu vermeiden. Man macht das ein bisschen anders. Man will ja den Menschen nicht qualvoll umbringen, sondern passive Sterbehilfe sollte ja so sein, dass man dem Menschen ein würdiges Ende gibt - allenfalls ein bisschen vorzeitig, dass er nicht wirklich warten muss bis ganz an das Ende. Bei der aktiven Sterbehilfe - das stimmt, da macht der Arzt oder wer auch immer quasi aktiv etwas dazu, damit der Patient stirbt. Das heisst, der Sterbeprozess ist noch nicht im Gang, da macht man etwas dazu.

Ich möchte jetzt vorderhand nicht weitergehen, aber, ich denke mir, diese Definition ist wichtig: Sterben ohne Sterbehilfe, sei es passiv oder aktiv, heisst nicht, dass man elendig sterben muss mit Schmerzen.

Friedrich Wolff:

Ja, das ist auch gemeint mit der palliativen Therapie. Nur umfasst diese ausser der Schmerztherapie auch noch weitere Aspekte der Sterbebetreuung.

Marc Lüthy:

Es ist schwierig, da jetzt eine Definition oder eine zusätzliche Gruppe zu schaffen mit palliativer Sterbehilfe und passiver Sterbehilfe. Palliativ heisst eigentlich nichts anderes, als dass man lindert - Schmerz lindert. Und man kann palliative Medizin machen mit Sterbehilfe. Ich würde einfach aktive Sterbehilfe und passive Sterbehilfe unterscheiden.

Mathias Gutknecht:
„... Es gehört zu unserem Auftrag, ihnen ... aufzuzeigen, dass sie keine Angst oder grundsätzlich keine Schmerzen zu haben brauchen..."

Daniela Howald:

Ich möchte dazu vielleicht etwas sagen. Ich denke, der Wunsch nach Exit, nach aktiver Sterbehilfe, kommt erst aus Notgründen von gewissen Menschen, die eben Angst vor Schmerzen haben und davor, dass sie nicht mehr bestimmen können, wann oder wie ihr Leben zu Ende geht. Und darum hat EXIT *(Sterbehilfeverein, Red.)* eine so grosse Wirkung in der heutigen Zeit. Also, ich denke schon, wenn die Therapie oder die Pflege in den Spitälern so gut ausgebaut wäre, dass man eben bis zum Schluss in dem Sinn selbstbestimmend sein dürfte, hätte EXIT nicht so eine grosse Chance.

Matthias Gutknecht:

Richtig! Diejenigen, die EXIT in Betracht ziehen, kennen vermutlich die Möglichkeit gar nicht, dass es auch einen würdigen Sterbeprozess gibt. Da ich aus der Langzeitpflege komme, weiss ich, dass die meisten Menschen sehr oft Angst haben - wie schon gesagt wurde - vor Schmerzen und vor allem vor mentalem Verlust. Es gehört zu unserem Auftrag, ihnen situativ und bei angezeigten Bedenken aufzuzeigen, dass sie keine Angst oder grundsätzlich keine Schmerzen zu haben brauchen und jederzeit auch eine psychologische Betreuung vorhanden ist.

Friedrich Wolff:

Also, Palliative Care umfasst ja nicht nur palliative Medizin und die Pflege, sondern eine umfassende Betreuung, die seelsorgerische Begleitung, den Einbezug der Angehörigen und so weiter. Das ist

Kurative Therapie

Thera-
peuten

Palliative Therapie

Genesung

Mass-
nahmen zur Wieder-
herstellung der Gesundheit

**Das Wohl des Patienten
Optimale Lebensqualität**

Sterbebegleitung
Symptomkontrolle
Schmerztherapie

Körperlicher Tod

Kurative / Palliative Therapie
Sinnvolle Massnahmen gemäss dem Zustand und dem Willen des Patienten.

also ein ganzes Paket - Palliative Care. Aber du sprachst jetzt von der palliativen Medizin als Teilgebiet.

Marc Lüthy:

Ich möchte nochmals auf das zurückkommen, was Daniela Howald angesprochen hat. Wenn man die Geschichte anschaut, ist es ganz klar so, dass in der Medizin ein massives Umdenken stattfindet, stattgefunden hat oder stattfinden muss. Ich denke mir, die Medizin hat in dem Sinn ein Problem gehabt, dass die Wissenschaft einen rechten Sprung nach vorne gemacht hat. Plötzlich war sehr vieles möglich. Plötzlich konnte man Leben viel länger erhalten. Und man hat vergessen zu diskutieren, ob es sinnvoll ist, ob es so sein sollte, oder ob man vielleicht lieber mal etwas nicht macht. Und ich denke mir, da ist immer noch ganz klar Handlungsbedarf.

Darum ist es auch immer noch so, dass EXIT in diesem Sinn häufig angesprochen wird. Ich möchte eigentlich gar nicht viel über EXIT sagen, weil ich mich da auch zu wenig auskenne. Ich denke mir, wichtig sollte in der heutigen Zeit, in der heutigen Medizin sein, dass man als Patient mitbestimmen kann - solange wie möglich. Und wenn das nicht mehr möglich ist, dass dann Angehörige, die informiert sind - was mir wichtig wäre -, mitbestimmen können. Und so sollte es eigentlich möglich sein, eine vernünftige Medizin zu machen.

Das Problem ist halt einfach, dass es schwierig ist - wenn man mal in der Spitzenmedizin angekommen ist -, von vornherein zu wissen, wo der Zug hingeht. Beispiel: Bei einem jungen Menschen, der einen schweren Autounfall gehabt hat, kann man eine gewisse Diagnostik machen. Man sieht vielleicht, dass ein Hirnschaden vorhanden

Die Aufgabe der Medizin war lange Zeit, Leben um jeden Preis zu retten.
Es fällt deshalb oft schwer, umzudenken und Sterbende in Ruhe sterben zu lassen.

ist. Aber jetzt vorherzusagen, was das bedeutet, ist schwierig. Wird er nochmals aus dem Koma aufwachen? Wird er überhaupt im Koma sein? Wird er vielleicht wieder absolut normal sein? Das ist vor allem am Anfang ganz, ganz schwierig.

Wenn ein Patient auf die Intensivstation kommt, und man sagt: „Ja nur nicht an die Maschinen hängen, nur nicht lebensverlängernde Massnahmen einleiten!", muss man auch wissen, lebensverlängernde Massnahmen machen dann keinen Sinn, wenn es hinten dran kein Leben mehr gibt, oder wenn vielleicht ein vegetativer Zustand entsteht, den man als nicht lebenswert erachtet - aber das weiss man ja zum Teil zu diesem Zeitpunkt nicht! Und genau die gleichen Maschinen, die in der einen Situation sehr sinnvoll sein können und angewendet werden sollten, machen in einer anderen Situation überhaupt keinen Sinn.

Es ist für mich vor allem wichtig - auch aus ärztlicher Sicht -, dass man darüber redet. Und das ist, glaube ich, ein Problem, das wir Ärzte haben, das aber auch die Patienten und auch die Angehörigen haben: Die Patienten müssen sagen, was ihnen wichtig ist. Dass man darüber spricht. „Was ist mir wichtig?" - „Wie möchte ich sterben?" - „Möchte ich überhaupt sterben?" Viele Patienten haben nämlich genau in der Situation, wenn sie wissen, sie haben vielleicht noch zwei Wochen oder vier Wochen, einfach Mühe zu sagen: „Doch, ich möchte nicht mehr!" Sie versuchen noch alles, was irgendwie möglich ist!

Ich habe viele Patienten so gesehen, wo ich sagen muss: Das wäre für mich nicht mehr lebenswert. Aber er oder sie sagte in der Situation: „Doch, ich will leben! Machen Sie, was möglich ist. Ich möchte

Tötung auf Verlangen:
„Selbst wenn man einen Menschen aus achtenswerten Beweggründen, namentlich aus Mitleid und auf dessen ernsthaftes und eindringliches Verlangen tötet, ist es immer noch strafbar" (Beat Widmer).

noch so lange, wie es irgendwie möglich ist, leben! Und die Schmerzen nehme ich in Kauf." Von dem her denke ich mir, wichtig ist es zu sehen: Was möchte der Patient? Was ist sein Standpunkt? Und wenn er oder sie nicht mehr entscheiden kann: Was denken die Angehörigen, was am meisten Sinn macht? Und dass man da den Dialog findet und eine vernünftige Medizin machen kann.

In der Medizin, die ich jetzt erlebe, hat passive Sterbehilfe sehr wohl einen Stellenwert, gerade in der Intensivmedizin, wo man immer wieder diskutiert: Was macht man, was macht man nicht mehr? Aber ich denke mir, da ist eine Diskussion, die noch weitergeführt werden muss, die sicher noch intensiviert werden muss.

Beat Widmer:

Das ganze Thema Sterbehilfe ist ja auch im rechtlichen Bereich genauso diskutiert und umstritten. Logisch, nicht? Das Recht kommt immer etwas hinterher, wenn einigermassen absehbar ist, wie man das Ganze regeln soll.

Es ist manches in Bewegung, über vieles wird heute diskutiert. Aber es gibt doch immerhin eine klare Richtlinie, einen klaren Grundsatz: Dass nämlich nach wie vor die Tötung eines Menschen strafbar ist. Und es gibt ja den Tatbestand der Tötung auf Verlangen. Selbst wenn man einen Menschen aus achtenswerten Beweggründen, namentlich aus Mitleid, wie es im Gesetz heisst, und auf dessen ernsthaftes und eindringliches Verlangen tötet, ist das immer noch strafbar. Es ist immer noch eine Tötung.

Es stellt sich dann höchstens die Frage: Gibt es irgendwelche Recht-

Das Erdenleben gleicht einer Pendeluhr -
sie muss immer wieder aufgezogen werden, um nicht eines Tages stehen zu bleiben.

fertigungsgründe? Kann zum Beispiel die Zustimmung des betreffenden Menschen das rechtfertigen? Nachdem, was hier gesagt wird, ja wohl nicht - wenn selbst das ernsthafte und eindringliche Verlangen nicht reicht. Deshalb auch die ganze Unterscheidung: Aktive / passive Sterbehilfe.

Wobei es ja immer auch noch Unterlassungstatbestände gibt. Auch da stellt sich die Frage, wenn man einen Menschen eben durch Unterlassung tötet, ob das dann auch strafbar ist, und gegebenenfalls unter welchen Voraussetzungen. Da spielt dann strafrechtlich die sogenannte „Garantenstellung" hinein, also die Frage, ob man verpflichtet ist, Leben zu erhalten oder nicht. Das ist dann wieder die Frage, welche die Ärzte besonders beschäftigt. Auch da ist die Diskussion zur Zeit voll im Fluss. Immerhin, man kommt im Moment um diesen Tatbestand einfach nicht herum: Das Töten - das Verursachen des Todes - ist nach wie vor unter allen Umständen strafbar!

Frank Wolff:

Wenn man jetzt - auf dem allem aufbauend - noch sagen würde: Was ist jetzt die ethische oder auch glaubensmässige Betrachtung, wiederum gekoppelt an die Zweckausrichtung des Lebens?

Vor dem Hintergrund: Ich glaube, mein Leben hat einen Sinn. Das ist mir von irgend jemandem gegeben worden. Und es wird mir auch die Lebenszeit gegeben, um den Sinn zu erfüllen. Das gehört eigentlich dazu. Das ist das Paket, was man dann einfach glaubt, was man so „reinnimmt": Es hat einen Sinn, und es wird mir genau auch das gegeben, was ich brauche, um den Sinn zu erfüllen.

PATIENTENVERFÜGUNG

Name:	Vorname:	geboren am:

PLZ/Ort:	Strasse:

Telefon:	E-mail:	Handy:

Im Vollbesitz meiner geistigen Kräfte und Funktionen und nach Beratung durch meinen Hausarzt / Rechtsbeistand gebe ich nachstehend meinen Willen kund für den Fall, dass ich selbst nicht mehr zu entscheiden in der Lage sein könnte:

1. Im Hinblick auf meine fortschreitende Erkrankung möchte ich alle Beteiligten anweisen, keine lebensverlängernden Therapien und sonstige Massnahmen mehr anzuwenden (wie zum Beispiel Chemo- und Strahlentherapien, Operationen und sonstige kurative Therapien sowie künstliche Ernährung). Ausgenommen hiervon ist die Schmerzminimierung.

2. Ich wünsche statt dessen eine umfassende, ganzheitliche, vierundzwanzigstündige Palliativ - Pflege (Schmerztherapie, Betreuung, Physiotherapie, Seelsorge).

3. Sterben möchte ich - wenn möglich - zu Hause. Meine Familienangehörigen sollen dahingehend informiert und geschult werden.

4. Ich möchte keine Wiederbelebungsmassnahmen oder Intensiveinsätze, Blutübertragungen, Herz- Lungenmaschine angewendet bekommen.

5. Verfügung über meinen Körper nach dem Tod: Ich stimme zu / stimme nicht zu, dass mein Körper nach meinem Ableben zur Obduktion, Organspende bzw. zu wissenschaftlichen Zwecken freigegeben wird.

6. Die religiöse Begleitung soll durch Seelsorger der

   O   Katholischen Kirche

   O   Evangelischen Kirche

   O   Neuapostolischen Kirche

   O   _____ (andere Glaubensgemeinschaft) erfolgen.

7. Ich bestelle zur terminalen Pflege folgende Personen bzw. Organisationen:

   _____

   _____

Ort / Datum:	Unterschrift:

Ort / Datum:	Unterschrift:

(Jährliche Erneuerung der Willenserklärung wird empfohlen)

Aus dieser Optik wäre eigentlich jede Massnahme, die an der Lebenszeit, die mir gegeben ist, etwas ändert, ein Eingriff in den Plan. Das wäre - lebensverlängernd und lebensverkürzend - alles, was ich aktiv mache. Das sieht die Ethik natürlich ein bisschen anders. Die sagt: „Das Leben ist schützenswert, und lebensverlängernde Massnahmen sind nie schlecht!" Gut, es gibt die Diskussionen natürlich schon. Aber wenn man es aus der reinen Sicht sieht: Das Leben hat seinen Zweck, und man bekommt genau das mitgeliefert, was man für die Zweckerfüllung braucht, nämlich das grosse Kapital - die Lebenszeit, die man hat -, und man ändert an dem dann etwas - verlängert oder verkürzt -, dann greift man eigentlich in die Zweckbestimmung ein und greift dann eigentlich - wenn man denn daran glaubt - in die Vorhersehung ein!

Daniela Howald:

Ich möchte auf Marc Lüthy noch einmal zurückkommen. Ich erlebe sehr oft, dass der Wunsch der Angehörigen nichts zählt, wenn nichts Schriftliches vom Patient selbst vorhanden ist. Also, eine Patientenverfügung, die aktuell ist, wäre sehr wichtig. Und dann gehören sicher zwei Angehörige oder Freunde dazu, die den Patienten vertreten, damit das hält. Ich glaube, sobald man lebensverlängernde Massnahmen getroffen hat, ist es wahnsinnig schwierig, den Schritt rückgängig zu machen. Zum Beispiel: Es wird jemand künstlich ernährt oder beatmet. Das ist dann so! Um diese eingeleiteten Massnahmen wieder zu stoppen, braucht es sehr viel. Deshalb glaube ich, dass bereits bei dir, Marc, auf der Intensivstation, dieses Thema besprochen werden muss. Bei mir auf der Rehabilitation darf oder sollte niemand sterben. Unsere Aufgabe ist es, dass die Be-

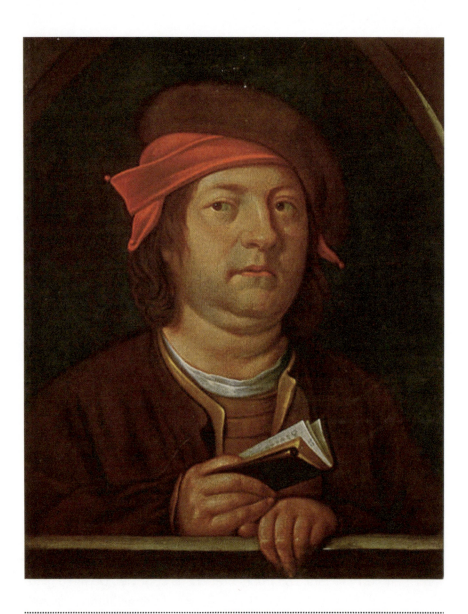

Theophrastus Bombast von Hohenheim, genannt Paracelsus (1493-1541):
„Es ist die Dosis, die ein Heilmittel zum Gift werden lässt." (Bild: Wikipedia)

troffenen wieder die grösstmögliche Selbständigkeit erlangen.

Marc Lüthy:

Da kommen wir in das Dilemma, das Beat Widmer vorher angesprochen hat: Dass natürlich viele Ärzte sich extrem davor scheuen, zu
wenig zu machen, weil sie halt gelernt haben, sie müssen lebenser-
haltend wirken. Sie dürfen nichts unterlassen. Also, ich denke mir,
das ist der Clinch, der da ist. Und im Zweifelsfall lieber mal zuviel
machen, dann macht man nichts falsch! Das ist schon noch die
Meinung, die vorherrscht.

Ich möchte eine kurze Bemerkung zu der Aussage von Frank Wolff
machen, dass alles Lebensverlängernde oder Lebensverkürzende
schon ein Eingriff ist: Das bedingt natürlich, dass ich oder dass du -
oder wer auch immer - wissen, was eigentlich „der Plan" ist. Vielleicht
ist der Plan ja gerade, dass das Lebensverlängernde eben auch dazu
gehört? Vielleicht ist der Plan eben auch, dass zum Beispiel ein
neues Herz implantiert wird? Es kann aber auch sein, dass alles nicht
funktioniert und dass die lebensverlängernden Massnahmen nicht
wirken. Also, um beurteilen zu können, ob es ein Eingriff ist oder nicht,
muss man wissen, was eigentlich der Plan ist.

Und ich persönlich denke mir - sonst könnte ich wahrscheinlich
meinen Beruf nicht ausüben -, Gott hat uns den freien Willen gegeben. Gott hat uns auch die Möglichkeit gegeben zu forschen, zu
entwickeln. Für den lieben Gott ist es ein Leichtes, einen quasi imaginären Schalter zu drehen. Da muss ich mich nicht drum sorgen. Also:
Ich mache einfach meine Arbeit, so gut ich es kann - in Absprache
mit dem Patienten, den Angehörigen. Und ob der Plan, ob die Zeit

VORSORGE - VOLLMACHT

Name:	Vorname:	geboren am:
PLZ/Ort:	Strasse:	
Telefon:	E-mail:	Handy:

Im Vollbesitz meiner geistigen Kräfte und Funktionen und nach Beratung durch meinen Hausarzt / Rechtsbeistand gebe ich nachstehend meinen Willen kund für den Fall, dass ich selbst nicht mehr zu entscheiden in der Lage sein könnte:

1. Ich bevollmächtige hiermit Herrn/Frau _____ alle Entscheidungen bezüglich therapeutischer Massnahmen für mich zu treffen. Der Entscheidungsumfang schliesst auch den Abbruch aller lebensverlängernden Massnahmen ein, ebenso Wiederbelebung und intensiven Einsatz.

2. Der / die Bevollmächtigte ist auch berechtigt, über Obduktion, Organspende oder Verwendung körperlicher Strukturen und Organe zu wissenschaftlicher Forschung zu entscheiden.

3. Dies ist mein ausdrücklicher Wille. Der / die Bevollmächtigte besitzt mein volles Vertrauen.

Persönliche Daten des / der Bevollmächtigten:

Name:	Vorname:	geboren am:
PLZ/Ort:	Strasse:	
Telefon:	E-mail:	Handy:

Ort / Datum: Unterschrift:

Ort / Datum: Unterschrift:

(Jährliche Erneuerung der Willenserklärung wird empfohlen)

erfüllt ist oder nicht - ich denke mir, das regelt Gott dann schon.

Frank Wolff:

Um ganz kurz zu antworten: Wenn man die Eingriffe in die „natürliche" Lebenszeit unterscheiden will in lebensverlängernde und lebensverkürzende Massnahmen, dann sind letztere sicherlich klarer zu definieren und trennschärfer zu erkennen. Wer ein Leben verkürzen will, der muss aktiv etwas unternehmen, um die Lebensfunktionen des Körpers zu beenden oder einzudämmen. Das ist dann meistens eine vorsätzliche Handlung und deshalb auch ein ziemlich klarer Eingriff in die „vorgesehene Lebenszeit".

Bei den lebensverlängernden Massnahmen sieht es ja schon ein bisschen anders aus. Man könnte eigentlich sagen: Die einfachsten lebensverlängernden Massnahmen sind atmen, trinken und essen. Wenn man hier dem Körper nicht von aussen regelmässig diese Sachen zuführen würde, würde er „ganz natürlich" verenden. Etwas wirklich anderes ist dann auch nicht, Medikamente zu nehmen, um eine - vielleicht sonst tödliche - Grippe zu bekämpfen oder eben, als nächste Konsequenz, nach einem schweren Unfall oder bei ganz heftigen Krankheiten mit Hightechmedizin am Leben gehalten zu werden. Im Grunde nützen wir ja jedes Mal nur, was uns zum Überleben zur Verfügung steht. Da sind jetzt die Grenzen fliessend, und es wird schwierig, an irgendeinem Punkt zu sagen: „Jetzt wird's unnatürlich".

Also deshalb: Ob und wie lang man ein Leben „künstlich" verlängert oder eben aufhört damit, es zu verlängern, ist das eine; ob man be-

Ergänzende Informationen: Sterbehilfe

Man kennt vier Arten von Sterbehilfe:

- *Aktive Sterbehilfe (Tötung auf Verlangen): Bei Strafe verboten.*
- *Bedingte aktive Sterbehilfe: Beihilfe zum Suizid (in der Schweiz erlaubt).*
- *Passive Sterbehilfe: Verzicht auf lebensverlängernde Massnahmen (sterben lassen, unter Umständen mit Schmerzen und Qualen).*
- *Palliative Care: Kombination von passiver Sterbehilfe und palliativer Medizin (Symptomkontrolle und Schmerztherapie), ferner: Sorgsame Pflege, Seelsorge, Fachberatung und Förderung sozialer Kontakte z.B. zu Angehörigen. Palliative Care soll ein würdiges, möglichst schmerzfreies Sterben ermöglichen.*

Kommentar: Selbstbestimmung

Die Einstellung lebensverlängernder Massnahmen müssen vom Patienten gewünscht werden. Seine Selbstbestimmung ist für den Arzt verpflichtend. Er muss sich an den Willen des Patienten halten. Kann dieser seinen Willen nicht mehr äussern, müsste der Arzt den möglichen Willen des Patienten erkunden. Deshalb gibt es die Möglichkeit der Patientenverfügung oder auch der Bevollmächtigung einer Person des Vertrauens.

9. Thema: Sterbehilfe, Palliative Care und Selbstbestimmung

wusst Massnahmen zum Beenden des Lebens ergreift, das andere. Und während ich beim Ersten relativ grosse Ermessensspielräume sehe, halte ich eine vorsätzliche, aktive Verkürzung des Lebens schon für ein Eingreifen in einen „göttlichen Plan".

Marc Lüthy:

Kurze Antwort: Ich denke mir, wenn der Sterbeprozess begonnen hat, stellt das Eingreifen des Menschen, um einen würdigen Tod zu ermöglichen und Schmerzen zu lindern - selbst wenn man dabei in Kauf nimmt, dass jemand vorzeitig stirbt -, keinen relevanten Eingriff in den Lebensplan dar. Das wäre etwas ganz anderes bei der aktiven Sterbehilfe, wenn wir da etwas aktiv dazu machen würden. Aber, ich persönlich denke mir, einen Vorgang zu beeinflussen, zeitlich ein bisschen nach vorne zu ziehen, um dafür keine Schmerzen oder so wenig Schmerzen wie möglich zu haben, dass das nicht relevant ist.

Beat Widmer:

Was wir jetzt unbedingt nochmals in den Vordergrund rücken sollten, ist die Frage der Selbstbestimmung. Also, es ist nach wie vor auf rechtlicher Ebene anerkannt, dass der Mensch sich selbst töten kann. Das ist schon aus praktischen Gründen, aber auch aus der ganzen Regelung, aus der Systematik heraus nicht strafbar.

Strafbar ist es aber zum Beispiel, jemanden zur Selbsttötung zu verleiten. Aber, wenn man das mal als Tatsache betrachtet, dass der Mensch das Recht hat, wenn er will, sein eigenes Leben zu beenden, dann müsste er sich ja logischerweise auch dagegen wehren

BETREUUNGSVERFÜGUNG

| Name: | Vorname: | geboren am: |

| PLZ/Ort: | Strasse: |

| Telefon: | E-mail: | Handy: |

Im Vollbesitz meiner geistigen Kräfte und Funktionen und nach Beratung durch meinen Hausarzt / Rechtsbeistand gebe ich nachstehend meinen Willen kund für den Fall, dass ich selbst nicht mehr zu entscheiden in der Lage sein könnte:

1. Für den Fall der Anordnung einer Betreuung durch das Vormundschaftsgericht verfüge ich hiermit, dass ausschliesslich die von mir nachstehend genannte Person / Personen mit dem Amt des Betreuers beauftragt werden dürfen:

| Name: | Vorname: | geboren am: |

| PLZ/Ort: | Strasse: |

| Telefon: | E-mail: | Handy: |

| Name: | Vorname: | geboren am: |

| PLZ/Ort: | Strasse: |

| Telefon: | E-mail: | Handy: |

| Name: | Vorname: | geboren am: |

| PLZ/Ort: | Strasse: |

| Telefon: | E-mail: | Handy: |

2. Die vorgenannten, mit dem Amt der Betreuung beauftragten Personen sind an meine in der Patientenverfügung vom ___ . ___ . _____ schriftlich geäusserte Willenserklärung gebunden und müssen diese in aller Konsequenz umsetzen.

| Ort / Datum: | Unterschrift: |

| Ort / Datum: | Unterschrift: |

(Jährliche Erneuerung der Willenserklärung wird empfohlen)

können, dass man sein Leben verlängert! Die Selbstbestimmung des Patienten, solange er urteilsfähig ist, ist ja für den Arzt letztlich verpflichtend.

Also, wenn ich sage: „Ich will das nicht, ich will keine solchen Massnahmen", dann kann sich der Arzt nicht darüber hinwegsetzen mit der Begründung: „Ich bin dazu da, das Leben solange zu verlängern, wie es geht!" Er muss sich an den Willen des Patienten halten. Wir haben aber eben das Problem, dass der Patient unter Umständen keinen klaren Willen mehr äussern kann. Dann kommt die Frage: Können das die Angehörigen stellvertretend tun?

Nach allgemeinen Regeln kann man solche höchstpersönlichen Entscheidungen nicht jemand anderem übertragen. Das geht eigentlich nicht. Deshalb sind eben die Angehörigen in vielen Fällen dann nicht genügend legitimiert zu erklären: Ja oder nein, Stecker raus oder nicht. Entschuldigung, wenn ich das noch einmal so sage: Das geht dann eben nicht, weil es sich um höchstpersönliche Entscheidungen handelt. Und schwierig wird es ja dann, wenn man nach dem mutmasslichen Willen des Betroffenen entscheiden sollte, den man nie wirklich kennt. Das sind dann diese ganz schwierigen Momente, wenn letztlich der Arzt entscheiden muss: Was mache ich jetzt? In dieser Phase hat er keine Richtlinie des Patienten mehr, wenn nicht eine Patientenverfügung vorliegt.

10.

THEMA

10. Thema: Liebe und Glaube - Kräfte der Seele

Armin Ellenberger:

Ich möchte einen kurzen Satz in den Raum werfen, der heisst: Lass immer eine Brücke entstehen. Die Anfangsbuchstaben der Wörter aus diesem Satz ergeben das Wort LIEBE. Und jetzt die Frage: Was ist Liebe? Zum Beispiel genetische Liebe, Beziehungsliebe, bedingungslose Liebe?

Wir verlassen jetzt damit das Thema „Sterbehilfe", wobei bei jeder Sterbehilfe die Liebe auch an oberster Stelle stehen muss!

Zur genetischen Liebe möchte ich noch sagen: Das ist der Beschützerinstinkt. Ich denke, wenn wir in der Geschichte zurückblicken, dann sehen wir, was in erster Linie Mütter für Kräfte mobilisieren, wenn der sogenannte Beschützerinstinkt hervortritt, um sich mit ihren Kindern aus wirklich unmöglichen Situationen heraus zu retten - die Kinder, ja manchmal sogar die ganze Familie! Das ist die genetische Liebe, um das vielleicht ein wenig besser zu erklären. Beziehungsliebe - da ist Gegenseitigkeit wichtig. Könnt ihr dazu etwas sagen?

Daniela Howald:

Für mich ist wichtig: Du musst dich zuerst selbst lieben können, damit du andere lieben kannst. Das ist für mich das Wichtigste. Sonst ist „lieben" nicht „lieben"!

Ergänzende Informationen: Liebe

Man unterscheidet zwischen drei Arten von Liebe:

1. *Die genetisch bzw. epigenetisch bedingte Liebe:*
   Mutterliebe, Elternliebe, Beschützerinstinkt.

2. *Die Beziehungsliebe:*
   Gegenseitige Liebe zwischen Menschen, zwischen Mann und Frau. Sie ist auf Gegenseitigkeit angewiesen, auf gegenseitige Achtung, Wertschätzung, Freundlichkeit und Gegenliebe.

3. *Die selbstlose Liebe:*
   Höchste Stufe der Liebe. Diese höchste Stufe der Liebe verlangt keine Gegenliebe, und sie beginnt damit, dass man sich selbst lieben kann.

Kommentar: Liebe

Lieben bedeutet Respekt, Achtung und Wertschätzung gegenüber dem Geliebten. Ferner: Herzenswärme, Offenheit, Verständnis und schliesslich Friedfertigkeit.

10. Thema: Liebe und Glaube - Kräfte der Seele

Friedrich Wolff:

Das finde ich auch ganz wichtig. Wenn man sich selbst nicht lieben kann, nicht für sich sorgen kann, seine Existenz nicht durch Liebe erhalten kann - geistig, seelisch, körperlich -, dann wird man auch nicht den Bezug finden, andere zu lieben. Das ist meine Auffassung.

Armin Ellenberger:

Ich glaube, Offenheit ist wohl eine der grössten Tugenden, um sich in einer Beziehungsliebe gegenseitig nicht nur zu stützen, sondern auch zu verstehen. Dann gibt es noch die bedingungslose Liebe. Das ist das Göttliche. Das ist die Barmherzigkeit, in der wir uns total eingebettet fühlen.

Frank Wolff:

Um das zu strukturieren: Ich glaube, es gibt wenig Begriffe, bei denen soviel unter einem Begriff subsumiert und verstanden wird wie unter dem Begriff „Liebe". Übrigens ja auch in der Bibel: Da sind im Urtext verschiedene Begriffe gewesen, die dann alle mit „Liebe" übersetzt worden sind, im Urtext aber ganz verschiedene Sachen bedeutet haben. Also, der Begriff für die göttliche Liebe war ein ganz anderer als der für die Liebe zwischen Menschen und zwischen Mann und Frau und so weiter. Und, ich glaube, wenn man es unterscheidet - und das ist ja das Wichtigste nachher für die Frage: Was ist Liebe? -, dann geht es da ja wahrscheinlich um die höchste Form der Liebe, in dem Sinn um „Liebe zwischen Seelen". Auch um das, mit dem es anfängt, nämlich dass man sich selbst liebt.

Zusätzliche Informationen: Erbinformation

Bisher gingen die Biologen davon aus, dass in dem sogenannten „Genom" die Gesamtheit der Gene eines Individuums und damit die komplette Information über Aufbau und Funktion eines Lebewesens enthalten ist. Änderungen im Erbgut sollten rein zufällig sein und als „Mutationen" die individuelle Genausstattung variieren, wobei die natürliche Auslese (Selektion) das vorteilhaftere Gen dominieren lässt.

Doch nun haben Forscher entdeckt, dass Lebewesen Anpassungen an die Umwelt in den eigenen Genen festhalten und sogar an Nachkommen weitergeben können. Die Gene können nämlich auch von aussen beeinflusst werden: Bestimmte Proteine binden sich an die DNS und blockieren oder aktivieren ein bestimmtes Gen. Dieses sogenannte „Epigenom" - die Gesamtheit der epigenetischen Marker - bleibt das ganze Leben hindurch formbar.

Es besteht im Wesentlichen aus den Histonen - zylindrischen Proteinen zur „Verpackung" der DNA - sowie Methylgruppen. Speziell die Methylierung der DNA sorgt für die An- und Abschaltung von Genen und ist damit verantwortlich für eine Reihe von Krebsarten (Darm-, Magen-, Gebärmutterhals-, Prostata-, Schilddrüsen- und Brustkrebs).

Etwa 20% der Gene unterliegen vermutlich einer epigenetischen Steuerung und damit dem Einfluss von Umweltfaktoren. Denn das Epigenom lässt sich durch äussere Einflüsse weit leichter als die Gene verändern: Durch Vitamine, Giftstoffe - und durch liebevolle Fürsorge.

In Tierversuchen wurde zum Beispiel festgestellt, dass liebkoste Rattenkinder eine positive Wirkung auf den Hormonhaushalt zeigten.

Einen weiteren Schock haben die Genetiker zu verkraften, seitdem sich herausgestellt hat, dass die Vererbung epigenetischer Merkmale nicht bei den unmittelbaren Nachkommen endet, sondern sich weiter fortpflanzen kann bis zu den Urenkeln (3).

10. Thema: Liebe und Glaube - Kräfte der Seele

Das ist ja auch in dem Gebot zusammengefasst: Dass man Gott liebt, sich selbst und seinen Nächsten, was untrennlich zusammengehört. Da geht es um die höchste Form der Liebe. Aus einer „Mann-Frau-Liebe" kann so etwas nachher auch entstehen. Das fängt mit einer ganz anderen Form der Liebe an, die viel stärker biologisch bedingt ist. Und dann gibt es die Form der Liebe, die sehr nahe am Instinkt liegt: Dass man eigentlich - überlebenstriebmässig - die Nächsten beschützt. Aber, ich glaube, man kann es schon in diese drei Bereiche einteilen. Man müsste dann auch sagen, wenn man jetzt über Liebe redet, welcher der drei Bereiche angesprochen ist. Ich nehme an, du meinst den Bereich der Liebe zwischen Seelen, also die göttliche Liebe in dem Sinn.

Friedrich Wolff:

Ja, das ist sicherlich die höchste Stufe. Und man kann sie nur als göttliche Liebe bezeichnen, weil sie nichts dagegen fordert. Die Beziehungsliebe fordert, dass sie genährt wird. „Liebst du mich, so lieb ich dich" - so ungefähr.

Harry Bruder:

Meine eigene Erfahrung geht dahin: Solange man Respekt hat vor der anderen Person oder vor der Umgebung, was immer das ist, das ist dann auch eine Art von Liebe. Vielleicht ist das die, welche am längsten fortbesteht. Vielleicht kommt hier meine Tätigkeit zum Ausdruck: Ein trockener Finanzberater! Aber, ich denke doch, solange man Respekt hat, dann würde ich das noch als eine Form von Liebe bezeichnen. Wenn das weg ist ...

Ergänzende Informationen: Spiritualität / Gene

Die Bereitschaft zur Spiritualität liegt möglicherweise auch „im Blut". Geht man von den Forschungsarbeiten des Molekularbiologen Dean Hamer aus, könnte die Glaubensfähigkeit vererbbare Wurzeln haben. Er isolierte aus mehr als zweitausend DNA-Proben eine Genvariante, deren Träger gläubiger als andere waren. Sie hatten die Fähigkeit zu glauben. Leider untersuchte er nicht die epigenetischen Einflüsse (2).

Kommentar zum Thema: Spiritualität / Glaube

Aus wissenschaftlicher Sicht muss zwischen Glauben und Religiosität unterschieden werden. Der Glaube liegt im Menschen selbst begründet, wohingegen die Religiosität durch kulturelle Einflüsse entsteht und von einer Generation an die nächste weitergegeben wird - also möglicherweise epigenetischer Natur ist.

---

10. Thema: Liebe und Glaube - Kräfte der Seele

(2):   Siehe Literaturverzeichnis im Anhang des Buches

Friedrich Wolff:

... Achtung, vor allem Wertschätzung. Das geht meiner Ansicht nach schon in die selbstlose Liebe hinein. Wenn man jemanden wertschätzt, auch wenn man selbst nicht wertgeschätzt wird, wenn man Achtung hat, auch wenn man selbst nicht geachtet wird: Das ist dann schon selbstlose Liebe und damit eigentlich das Ziel der Entwicklung oder eines der wichtigen Ziele, die erstrebenswert sind.

Armin Ellenberger:

Zum Abschluss hätte ich noch ein Thema, was hier sehr gut anschliesst. Das ist die Frage: Was verstehe ich unter Glaube? Glaubensleben, tiefes Gebet ...

Frank Wolff:

Wir sind ja jetzt immer wieder bei den ganzen, teilweise sehr sachlichen und „von unten her" entstandenen Bemerkungen dann irgendwann auf eine Ebene gekommen, wo wir gesagt haben: „So, jetzt wird es wertend". Also, man hat ein paar Tatbestände, und irgendwann kommt der Moment, an dem man sagt, jetzt wird es wertend und jetzt kommt meine eigene Meinung ins Spiel.

Und, ich glaube, alles, was wir jetzt auch besprochen haben, kann man natürlich unter der Prämisse des Glaubens sehen. Dass man glaubt. Dass man an eine Bestimmung glaubt. Dass man glaubt, dass das Leben gottgegeben ist und so weiter.

Man kann es natürlich auch draussen lassen. Und in dem Sinn ist

Im Glauben fliessen die unterschiedlichen Quellen der Ansichten,
Meinungen und Erfahrungen zusammen und bilden eine gemeinsame Perspektive.

Glauben natürlich etwas, das auch über den ganzen Themen drüber steht, das der ganzen Diskussion eine Wertkomponente gibt. Man könnte sagen, wenn ich jetzt alles aus dem Glauben heraus sehe, was wir da jetzt besprochen haben, dann sehe ich das ein bisschen anders, dann habe ich ganz klar in jeder Frage auch eine klare Wertausrichtung. Wenn ich es nicht aus dem Glauben heraus sehe, dann komme ich zu anderen Ergebnissen auf Basis der gleichen Facts - ob jetzt rechtlich oder medizinisch oder was auch immer.

Friedrich Wolff:

Es war interessant, das mal alles aus verschiedenen Blickrichtungen zu betrachten. Und so ist eben das mit der Frage nach dem Glauben auch eine Sache, die jeder anders sieht. Das hat vielleicht keinen ausgeprägten medizinischen oder rechtlichen und schon gar keinen finanziellen Charakter. Aber trotzdem sieht es jeder aus seiner Sicht, von seinem Standpunkt aus. Und im Falle des Glaubens fliesst es zusammen. Das ist einfach - wie du jetzt eben gesagt hast - etwas, was darübersteht. Das kann man nicht mehr vom Standpunkt her personifizieren, sondern das ist von oben gegeben. Glauben - ja oder nein. Und wenn Glauben, dann kann man nur noch unterscheiden - jetzt sind wir wieder bei der Dosis -, wie intensiv man seinen Glauben lebt und nutzt.

Dasselbe gilt für das Gebet. Das kann man nutzen oder nicht. Da gibt es keinen juristischen Standpunkt, keinen medizinischen, keinen finanziellen, keinen praktischen oder unpraktischen, sondern da gibt es nur die Wahrnehmung und die Ausübung. Die Intensität entscheidet über das Mass der Dinge.

Jesus Christus und sein Opfertod bilden den Mittelpunkt christlichen Glaubens.
Im Heiligen Abendmahl wird an seinem Leiden und Sterben teilgenommen.

Beat Widmer:

Vielleicht etwas anders gesagt: Der Mensch merkt irgendwann einmal: Da muss noch etwas Höheres sein als ich und meine eigene Umwelt. Mehr als das, was ich sehe und selbst erlebe. Etwas, das vorher schon da war. Etwas, das nachher noch da sein wird. Etwas, das vielleicht eine Dimension höher ist als wir selbst - das man aber eben nicht beweisen kann.

Man ist ja immer versucht, einander zu beweisen, dass man Recht hat. Sobald man merkt, man kann es einfach nicht beweisen, kommt man ja dann auch dazu zu sagen: „Ich glaube."

Vielleicht fängt es mit einer Ahnung an: Man hat das Gefühl, da muss noch etwas sein. Und dann kommt man auf konkretere Formen. Eben, man nimmt an, es gibt einen Gott. Die ganze Religion hängt an dieser Frage - je nachdem, wie man sich dazu stellt. Letztlich merkt man einfach: Das sind Dinge, die man nicht beweisen kann. Die sind über unserer Dimension. Man muss es glauben. Und dabei glaubt es ja dann jeder etwas anders. Und das gibt dann die berühmten Diskussionen, die Glaubenskriege, wenn man so will - jetzt nicht im physischen Sinn -, wo man dann diskutiert und sich fragt: „Wer hat denn jetzt Recht?"

Und letztlich landet man wieder bei der Erkenntnis: Jeder sieht auch das wieder ein wenig anders. Weil er eben nicht von oben herab sieht, sondern immer nur aus seinem Blickwinkel, und deshalb ahnt: Da muss etwas sein.

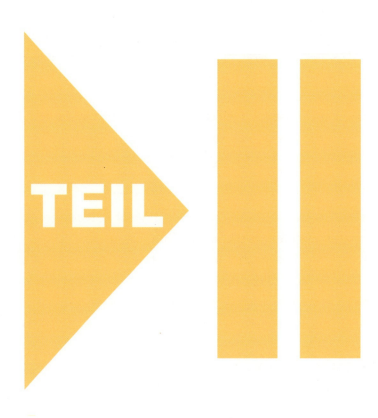

Das Ereignis
des Sterbens

Die zweite Gesprächsrunde fand im Parkhotel Rheinfelden (CH) statt.

Die Teilnehmer der 2. Gesprächsrunde

Am 24. März 2007 fand das zweite Treffen statt, diesmal zum Thema „Sterben". An dieser Gesprächsrunde nahmen folgende Personen teil:

Hans Anliker: Anlageberater, verheiratet, zwei Kinder,

Ariane Birkenmaier: Ärztin in Gynäkologie und Geburtshilfe, verheiratet,

Harry Bruder: Bankfachmann, verheiratet,

Daniela Howald: Pflegefachfrau und ausgebildet in Palliativmedizin, verheiratet, drei Kinder,

Jürg Meier: Prof. Dr. phil., Biologe, ehrenamtlicher Seelsorger, verheiratet, vier Kinder (wovon eine Tochter im 5. Lebensjahr tödlich verunglückte),

Christina Schmidlin: Bibliothekarin, verheiratet, zwei Kinder,

Frank Wolff: Diplom-Betriebswirt (ehrenamtlich Jugendbeauftragter), verheiratet, zwei Kinder.

Die Moderation des Gespräches wurde, wie auch bei der ersten Gesprächsrunde, von den beiden Autoren *Armin Ellenberger* (Seelsorger i.R., verheiratet, zwei Kinder) und *Friedrich Wolff* (Verleger, verheiratet, drei Kinder) geleitet.

Die Gesprächsrunde wurde wiederum elektronisch aufgezeichnet und soll nachstehend möglichst originalgetreu wiedergegeben werden.

1. Thema: Was bedeutet Sterben - ein Tabuthema?

Armin Ellenberger:

Ich begrüsse euch zur heutigen zweiten Gesprächsrunde in diesen winterlichen Tagen, die wir im Moment erleben dürfen. Als Einleitung möchte ich etwas aus einem Buch vorlesen, das mir in die Hände gefallen ist. Dieses Buch wurde von einer Ärztin geschrieben, und sie schreibt unter anderem Folgendes zum Thema Tod:

„Ich hatte mir immer vorgestellt, dass Menschen nach ihrem Tod genauso aussehen würden wie vorher, nur friedlicher. Teilweise stimmte das auch. Doch gab es einen Faktor, mit dem ich nicht gerechnet hatte. Oberflächlich betrachtet, hatten sich Bills Gesichtszüge nicht verändert. Doch ich erkannte deutlich, dass nur noch sein Körper vor mir lag, plastisch und hohl, nicht mehr als eine Hülle. Es gab jedoch noch etwas anderes, das ich nicht übersehen konnte, selbst wenn ich das gerne getan hätte. Ich spürte die Gegenwart von Bills Seele, die beobachtete, was in dem Raum geschah. Und dann wurde mir noch ein anderes Gefühl bewusst. Während die Minuten vergingen, wurde mir immer klarer, dass Bills Leiden vorbei war. Was verblieb, konnte ich nur als Liebe beschreiben. Da war die unverkennbare Präsenz einer menschlichen Seele in reinster Form. Vom Körper befreit, hatte sie den Tod überwunden."

Und nun zum ersten Thema, das wir jetzt diskutieren wollen: Was bedeutet Sterben? Ist Sterben nach wie vor ein Tabuthema?

Das Seniorenheim HUMANITAS in Riehen bei Basel (Schweiz) bietet alles,
was man sich für einen angenehmen Lebensabend wünschen kann - auch eine
fachkundige Sterbebetreuung durch Ärzte, Pflegepersonal und Seelsorger.

Friedrich Wolff:

Die erste Frage wäre: Warum ist Sterben ein Tabuthema? Warum spricht man nicht darüber? Warum sagt man: Sterben ist kein Thema für uns? Das kann ja nur deshalb sein, weil man vor dem Sterben Angst hat, weil man die Qualen des zu Ende gehenden Lebens fürchtet. Und jetzt kommt eine Entwicklung zu Gang durch die Palliative Care-Bewegung, die das Sterben angenehmer machen soll, die Wert darauf legt, die Qualen zu nehmen. Das ist eine neue Bewegung, die allerdings schon in den 70er Jahren in England begonnen hatte, als die Hospiz-Bewegung in Gang kam.

Jürg Meier:

Ich möchte an dem anschliessen, was Armin Ellenberger gesagt hat. Er hat bei der Formulierung der ersten Frage etwas gesagt, was meiner Ansicht nach nicht ganz richtig ist: „Ist Sterben nach wie vor ein Tabuthema?" Ich bin der Meinung, das „nach wie vor" stimmt nicht. Sterben ist heute, vielleicht in unserer Gesellschaft hier, im Rahmen der letzten vierzig bis fünfzig Jahre zum Tabuthema geworden. Wir haben Gegenden auf dieser Welt, in denen Sterben überhaupt kein Tabuthema ist. Das heisst, wir haben im Prinzip die Sterbenden aus der Gesellschaft entfernt in irgendwelche Einrichtungen.

Und dadurch erst ist das Sterben zum Tabuthema geworden. Der Durchschnittsmensch hier in unserem Lande hat wahrscheinlich in seinem Leben noch nie einen Menschen sterben gesehen. Und vor etwas, das man nicht kennt, hat man natürlich grundsätzlich Angst. Ich habe es aus eigener Erfahrung erlebt. Ich hatte einen guten Kollegen, der ist in meinen Armen gestorben, und ich habe seither ein

Ergänzende Informationen: Der Tod

Sterben wird wissenschaftlich definiert als das fortschreitende Nachlassen der Lebensfunktionen eines Organismus, welches dem Tod vorausgeht und mit ihm abgeschlossen wird. Der **klinische Tod** bedeutet Stillstand von Kreislauf und Atmung und ist reversibel. Demgegenüber markiert der Ausfall der Hirnfunktion den **Hirntod,** das unwiderrufliche Ende der Körperfunktionen. Der **biologische Tod** tritt erst mit dem Absterben der letzten Körperzelle ein, was ungefähr zwei Tage in Anspruch nimmt.

Rechtlich definiert die Feststellung des Hirntodes den Todeszeitpunkt.

Kommentar: Vorsorgen

Bislang hat noch jeder Mensch die Erde verlassen – meistens im Greisenalter, mitunter aber auch in jungen Jahren. Dieses Ereignis kann einen geliebten Menschen hinwegnehmen oder auch einen selbst betreffen. Deshalb sollte man das Thema Sterben nicht so weit von sich schieben. Selbstverständlich braucht man nicht immer an den Tod zu denken, aber ein kluger Mensch beugt vor und sorgt vor. Man ist dann auf jeden Fall vorbereitet und hat seine Verhältnisse geordnet. Dazu gehören auch die im Teil 1 angesprochenen Vorsorgeerklärungen.

1. Thema: Was bedeutet Sterben - ein Tabuthema?

völlig anderes Verhältnis zum Sterben und zum Tod.

Daniela Howald:

Ich möchte bei Jürg Meier ansetzen. Bis vor kurzem hatte der katholische Glaube sehr schöne Rituale, wie man mit dem Sterben umgeht. Man hatte die Verstorbenen sehr lange zu Hause, und das ganze Dorf durfte nach Hause kommen, um sich zu verabschieden. Es gibt auch heute noch kleine Gemeinden - in Graubünden und im Wallis zum Beispiel -, in denen das noch so gepflegt wird. Ich glaube, dass mehrheitlich in der Grossstadt das Problem aufkommt, aus dem Sterben ein Tabuthema zu machen.

Und ich glaube auch, dass vor allem der christliche Glaube ein Tabuthema daraus macht. Andere Religionen gehen anders damit um. Im Hinduismus wird ein Toter gefeiert. Im Buddhismus wird er positiv begleitet. Dort wird das Sterben als etwas Positives angeschaut, und im christlichen Glauben wird es teilweise abgewertet. Und das schürt die Angst vor dem Sterben.

Frank Wolff:

Wahrscheinlich ist das Sterben auch deshalb ein Tabuthema, weil es Ungewissheit bringt. Ich weiss nicht, ob es unbedingt am christlichen Glauben liegt, oder ob es die starke Orientierung am Materiellen, am Sichtbaren, ist, was dann das Unsichtbare so schwer einschätzbar macht. Und dadurch bekommt man Angst davor.

2. Thema: Sterben im Glauben - Sterben ohne Angst und Qual?

Hans Anliker:

Ich möchte da anknüpfen. Ich würde sagen, das Sterben hat primär etwas mit dem Glauben zu tun. Als ich jünger war, hatte ich auch Probleme, mich mit dem Thema „Sterben" auseinander zu setzen. Man will ja nicht sterben. Man redet nicht über den Tod, es sei denn, es betrifft einen. Aber seit meine Frau im Altenheim arbeitet, habe ich schon ein paar Mal gesehen, wie Leute starben - jeder auf seine Weise. Der eine trug noch ungelöste Probleme mit sich und konnte nicht sterben.

Aber bringen wir das jetzt mal mit unserem Glauben zusammen. Ich habe mir schon überlegt, wer hat überhaupt die Bezeichnung „Tod" geprägt? Wenn wir eine Raupe anschauen, aus der Raupe wird ein Schmetterling. Die Raupe stirbt nicht. Das ist ja bei uns dasselbe. Es ist ein Verwandeln in eine andere Materie oder in eine andere Welt. Es ist im Prinzip gar kein Tod. Wir sterben ja im Prinzip gar nicht. Und wenn das bei den Menschen ins Bewusstsein kommt, bleibt eigentlich nur noch die Angst, wie der Übergang erfolgen wird, also, wie schmerzhaft er sein wird.

Und so muss niemand Angst haben vor dem Sterben, denn es gibt kein Sterben. Es ist ja ein Weiterleben - ich muss ja nicht sterben! Die Materie stirbt, aber ich selbst mit meinem Geist, mit meinem Wesen, mit meiner Seele, ich lebe ja weiter!

Ergänzende Informationen: Auferstehung Jesu

Die Bibel berichtet von einer Unterhaltung Jesu Christi mit einer Frau namens Martha. Jesus sprach zu ihr:

„Ich bin die Auferstehung und das Leben, wer an mich glaubet, der wird leben, ob er gleich stürbe: Und wer da lebt und glaubt an mich, der wird nimmermehr sterben - glaubst Du das?" (Johannes 11, 25-26).

Kommentar: Geistiges Leben

Die oben zitierte Aussage Jesu Christi geht von zwei verschiedenen Arten von Leben aus, nämlich dem körperlichen und dem geistig-seelischen Leben. Im Tod trennen sich beide voneinander: Das körperliche Leben endet, wohingegen das geistig-seelische weiterlebt. Der Tod ist also gleichbedeutend mit Trennung.

Aber nicht nur das körperliche, sondern auch das geistig-seelische Leben ist vom Tod, also einer Trennung, bedroht. Trennt sich ein Individuum von Gott als der Quelle des Lebens, tritt der geistige Tod ein. Durch den Glauben an Gott wird die Trennung überwunden und das geistige Leben „belebt".

2. Thema: Sterben im Glauben - Sterben ohne Angst und Qual?

Jürg Meier:

Da möchte ich anschliessen. Wir kommen jetzt auf ein spannendes Thema: „Weiterleben? - Ja!" Aber etwas, das natürlich auch Angst macht, und das ist in der Essenz des christlichen Glaubens, das ist das „Weiterleben - wie?".

Wir haben heute zwar die Tendenz, dass wir alles schön reden und sagen: „Der liebe Gott in seiner Güte macht dann für jeden, dass es nachher sehr schön ist", was aber von der ganzen christlichen Lehre her so natürlich nicht stimmt - trotz Gnade und all diesen schönen Dingen, die dazugehören. Ich glaube schon, dass es vielen Leuten eben doch auch Angst macht.

Ich habe mal in einem Buch gelesen, das hat mich sehr fasziniert: Viele Leute, auch ältere Leute, haben deshalb soviel Mühe mit dem Sterben, weil sie am Ende ihrer Tage feststellen, dass sie eigentlich ihr Leben hier auf Erden gar nicht in der Art gelebt haben, wie sie sich das vorgenommen hatten oder, wie sie instinktiv merken, es hätte sein sollen. Wahrscheinlich sind die Ängste eben auch noch dabei - einmal abgesehen davon, dass keiner so genau weiss, wie es dann ist, wenn er hinüber geht.

Armin Ellenberger:

Ich glaube, wir müssen auch Folgendes noch einfügen: Die Angst vor Schmerzen. Das ist ein ganz wichtiger Bestandteil. Man weiss ja nicht im Voraus, wie das Ganze geschieht. Und Angst vor Schmerzen ist, glaube ich, etwas, das sehr tief geht. Es ist auch die Angst vor dem Alleinesein oder die Angst vor dem Tod, respektive vor dem,

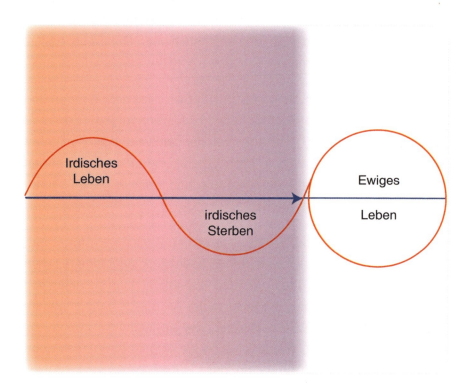

Irdisches
Leben

Ewiges

Leben

irdisches
Sterben

Die Wellen des Lebens und Sterbens - und die Auferstehung zum ewigen Leben.

was nach dem Sterben ist. Viele Menschen haben davor Angst.

Friedrich Wolff:

Ein Problem wird auch das Loslassen sein, die Bindungen fallen zu lassen. Die Bindungen zu den Angehörigen, die Bindung zu schönen Dingen, die man hat, die man sich erarbeitet hat. Wenn einer endlich sein Häuschen gebaut hat und muss dann sterben, dann ist das natürlich nicht so lustig. Die Bindungen zu Tieren, die Bindung zu Dingen, die einem ans Herz gewachsen sind - die muss man vergessen, von denen muss man sich lösen. Das dürfte auch ein Aspekt sein.

Frank Wolff:

Wenn man es trennt, dann müsste man ja eigentlich klar sagen, das eine ist der Zustand „Tod". Über den Zustand „Leben" haben wir das letzte Mal gesprochen. Und das Sterben ist der Prozess dazwischen. Das Sterben ist eigentlich ein Veränderungsprozess und wahrscheinlich der grösste Veränderungsprozess, den jeder in seinem Leben - oder dann eben nicht mehr in seinem Leben - macht. Und auch irreversibel. Also, vielleicht der einzige Veränderungsprozess, der wirklich irreversibel ist im Leben oder an der Schwelle zum Leben. Da geht dann alles auch in die Richtung, wie Armin Ellenberger das gesagt hat, wie leidvoll oder schmerzvoll ist der Prozess? Wo führt er mich hin? Was muss ich alles aufgeben? Das sind dann alles Komponenten, die da reinspielen.

Die Schafe auf der Weide kennen keine Angst, denn der Hirte sorgt für sie.
Aber Furcht zeichnet sie - Furcht vor Angriffen wilder Tiere oder jagender Hunde,
Furcht vor neugierigen Menschen.

Armin Ellenberger:

Ich habe noch einen besonderen Satz, den ich hier aufgeschrieben habe: Angst ist gegenstandslos. Ich möchte diese Frage jetzt einmal in den Raum stellen: **Ist Angst gegenstandslos?** Bei der Furcht sagt man, Furcht ist auf etwas gerichtet. Angst jedoch ist gegenstandslos. Also, man weiss nicht, was kommt.

Hans Anliker:

Das stimmt allerdings. Man hat ja Angst, solange man nicht weiss, was kommt. Da kann ich jetzt aus meinem Leben erzählen:

Ich war 1999 fast ein Jahr lang stark depressiv, und man wusste nicht, warum. Man hat es nicht herausgefunden. Und bei einer ärztlichen Untersuchung hat man dann den Grund für die organische Depression herausgefunden, und von diesem Zeitpunkt an war die Angst weg. Man hat ja nur Angst, wenn man nicht weiss, was kommt. Wenn ich aber gegen etwas kämpfen kann, ist ja die Angst weg. Also, wenn ich jetzt weiss, ich habe Krebs, dann habe ich auch keine Angst mehr. Dann kämpfe ich gegen den Krebs. Und mit dem Sterben ist das vermutlich dasselbe. Man weiss nicht, was auf der anderen Seite ist. Aber grundsätzlich - und das lehrt uns das Leben - müsste man ja gar keine Angst haben, denn es kommt doch so raus, wie es sein soll.

Angst ist ein schlechter Ratgeber. Man hat natürlich Angst, das ist schon klar. Aber man sollte sich eigentlich dagegen wehren, vor etwas in der Zukunft Angst zu haben. - Ist provokativ ...

Zusätzliche Informationen: Zellsteuerung

Der bekannte Zellbiologe Bruce Lipton schreibt in seinem Buch „Intelligente Zellen", wie Erfahrungen unsere Gene steuern: „Nicht die von Genen gesteuerten Hormone und Neurotransmitter kontrollieren unseren Körper und unseren Verstand - unser Glaube und unsere Überzeugungen kontrollieren unseren Körper, unser Denken und damit unser Leben." (3)

Kommentar: Epigenetik

Das oben genannte Buch will eine Grenzlinie zwischen der Welt des (Neo-) Darwinismus und der „neuen Biologie" ziehen. Letztere widerlegt die These, das Leben würde allein von den Genen bestimmt. Die neue Wissenschaft der Epigenetik zeigt, dass Gene sich nicht selbst an- und abschalten können. Vielmehr werden sie gesteuert durch Signale aus der Umgebung, durch elektromagnetische Ladungen und ihre Felder und Wellen, durch Botenstoffe und Konformationen und vieles mehr.

Zuweilen nehmen psychische und physische Erfahrungen und Ereignisse, ja selbst sogar die Nahrung, praktisch unser ganzes Verhalten Einfluss auf die genetische Steuerung.

---

2. Thema: Sterben im Glauben - Sterben ohne Angst und Qual?

(3): Siehe Literaturverzeichnis im Anhang des Buches

Daniela Howald:

Ich möchte noch etwas zum „Loslassen" und „Sterben können" sagen, das mir in den Sinn gekommen ist: Wichtig, sehr wichtig finde ich, dass man <u>sich</u> verzeihen kann. Im Sterbeprozess kommt meistens das ganze Leben nochmals herauf. Ich habe bei sehr vielen Menschen bemerkt, dass sie sich selbst nicht verzeihen können. Es läuft im Leben ja meistens nicht alles optimal - mit der Kindererziehung oder mit Bekanntschaften oder mit irgendwas -, dass man zu sich selbst stehen darf, eingestehen, dass man Fehler gemacht hat.

Und ich glaube, dort spielt die Angst auch eine Rolle. Genügt das, wie man gelebt hat? Man weiss, man hätte einiges besser machen können und kann es teilweise auf dem Sterbebett auch nicht mehr ändern. Da ist auch die Angst da: Wie geht es nachher weiter? Reicht mein Lebenswandel aus, um zu genügen vor Gott oder nicht?

Jürg Meier:

Darf ich noch ein bisschen mehr provozieren? Ich nehme Bezug auf das, was jetzt gesagt wurde über die Angst vor der Ungewissheit. Müsste man dann aber nicht die These aufstellen, dass ein Christ, der seinen christlichen Glauben wahrhaftiglich ernst nimmt und verinnerlicht, in dem Sinn auch keine Angst vor dem Sterben haben sollte? Denn erstens sehnt er sich ja nach ewiger Gemeinschaft mit Gott - das geht in die Richtung von dem, was Hans Anliker gesagt hat -, und zweitens kann er sich ja ständig der Gnade Gottes anbefehlen, was eigentlich diese Probleme, die Daniela Howald aufwirft, ins Nichts auflöst.

Glaubensbekenntnis

eines 70-jährigen angesichts der eigenen, untergehenden Lebenssonne:
„Ich habe ein Leben lang geglaubt, mich bemüht. Ich weiss, dass das Ende kommt.
Ich gehe zu Gott.“

Ich schaue immer wieder aus der Sicht der Seelsorge: Es gibt gläubige Menschen, die sich im Angesicht einer terminalen Krankheit durchaus in ihr Schicksal fügen.

Ich habe einen Fall, der liegt jetzt eineinviertel, eineinhalb Jahre zurück. Da wusste man, dieser Mann ist wirklich terminal krank. Er hatte Metastasen auf der Leber und so. Wenn man das hat, weiss man dann in der Regel schon, dass man wirklich nur noch in Monaten rechnen kann. Und er hat auf die Therapievorschläge des Professors in aller Gelassenheit gesagt:

„Ja, hören Sie, ich bin jetzt Mitte siebzig. Ich bin ein gläubiger Mensch. Ich habe ein Leben lang geglaubt, mich bemüht. Ich weiss, dass das Ende kommt. Ich gehe zu Gott. Das ist meine feste Überzeugung. Ich möchte jetzt auch nicht mehr irgendwelche Chemotherapien, denn so, wie sich das bei mir jetzt darstellt, geht mein Leben zu Ende. Ob ich dann am Schluss noch fünf, sieben oder acht Monate lebe, spielt keine so grosse Rolle mehr."

Und, was mich dort ganz speziell beeindruckt hat: Der Mann hat diese Einstellung durchgezogen. Ich meine, das kann man ja mal so schnell sagen, das ist schon einmal etwas, aber der hat das in aller Ruhe und Zufriedenheit durchgezogen. Und ich musste mir am Schluss einfach sagen: Er hat seinen Glauben gelebt bis zum Schluss, und zwar völlig überzeugt. Ich könnte natürlich auch X Beispiele anführen - und das kann jeder, der in der Seelsorge tätig ist -, die eigentlich dann doch ziemlich anders ausschauen, die zeigen, dass es auch ein Grossteil der gläubigen Christen eigentlich nicht fertig bringt, sich in den Status zu bringen, dem Sterben gelassen entgegen zu treten.

3. Thema: Palliative Care - Sterbebetreuung

Friedrich Wolff:

Jetzt kommen gleich zwei Aspekte dazu. Erstens: Lässt mich der Arzt überhaupt los und sterben? Und zweiters: Wie kann der letzte Weg des Lebens so gestaltet werden, dass er keine Qualen verursacht? Wir kommen hier zu dem Thema 3, der palliativen Betreuung, auch bezeichnet als Palliative Care, bestehend aus den Komponenten palliative Medizin, Pflege, soziales Umfeld, Seelsorge und allgemeine Beratung. Das sind die verschiedenen Kreise, die das Palliative Care insgesamt ausmachen. Ein System, das dazu bestimmt ist, das Hinübergleiten in den neuen Zustand zu erleichtern, zu verschönern. Und zusammen mit der Tatsache, dass die Seele, das geistig-seelische Wesen, durch den Glauben gestützt ist, macht eigentlich das angenehme Sterben oder das Sterben in Würde ohne Angst und Qual aus.

Ariane Birkenmaier:

Ich denke, palliative Medizin ist natürlich schon etwas sehr Wichtiges und auch eine Unterstützung für die betroffene Person. Aber es geht immer nur bis zu dem Punkt, an welchem die betroffene Person sich wirklich mit dem Gedanken befasst hat: Es ist jetzt soweit.

Wie bei dem Beispiel, das wir gehört haben: Man muss wirklich seinen Zustand verstehen und akzeptieren, und dann funktioniert dieses System. Jemand, der seinen Zustand in diesem Moment nicht so richtig begriffen hat, würde nie sagen: „Ich bin damit einverstan-

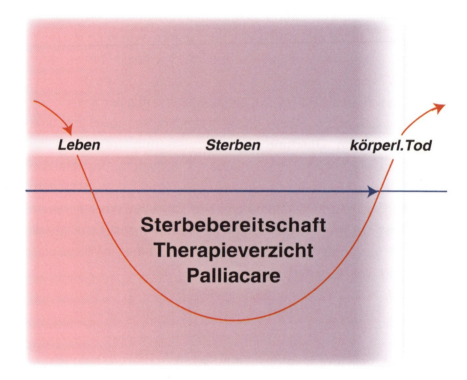

Drei Komponenten friedlichen Sterbens - in Würde, ohne Qual.

den, nur noch eine Schmerzunterstützung zu erhalten und einfach diesen Weg zu gehen." - Nein, er möchte noch eine volle Therapie erhalten. Ich denke, die Anwendung der palliativen Medizin ist nur möglich, wenn der Patient sich mit dem Gedanken auseinander gesetzt hat und bereit ist zum Sterben.

Und da ist auch wieder die Angst, die mit hineinspielt. Man versteht es nicht und dann hat man Angst. Sobald man es verstanden hat, ist das wahrscheinlich schon ein sehr guter Weg, den man da hat.

Friedrich Wolff:

Es sind dann praktisch drei Komponenten:

1. Das Loslassen, das „Bereit-sein-zu-sterben".

2. Die Kooperation des behandelnden Arztes, dass er mich gehen lässt und nicht darauf besteht, die Therapie fortzuführen.

3. Die palliative Hilfe.

Das sind drei Komponenten, die im Raum stehen. Und hinsichtlich der zweiten Komponente, des Verhaltens des Arztes, gibt es ja die Patientenverfügung, in welcher man schon vorher festlegen kann, gehen zu dürfen, wenn man in ein terminales Stadium kommt.

Ariane Birkenmaier:

Das betrifft ja vor allem die lebenserhaltenden Massnahmen. Man muss dann auch klar definieren, dass man es einem nicht ermöglichen kann, sofort zu gehen, sondern einfach nur, auf lebensunterstützende und lebensverlängernde Massnahmen an sich zu verzichten.

„Spielt für den Arzt auch das Alter des Patienten eine Rolle?" *(Harry Bruder)*
- Der blühende Frühling im Jugendalter, die Dürre des Winters im Greisenalter?

Und auch da muss der Arzt dem Betroffenen die Situation klar machen - klar machen, dass das Sterben nun begonnen hat. Meistens
ist es ja so, dass man das Gefühl hat, man könnte doch noch etwas
machen. Wichtig ist da das Gespräch zwischen Arzt und Betroffenem und den Angehörigen natürlich.

Harry Bruder:

Darf ich eine Frage stellen? Spielt für den Arzt vielleicht auch das
Alter des Patienten eine Rolle? Wenn er einen Zwanzigjährigen oder
einen Achtzigjährigen hat, um jetzt zwei Extrembeispiele zu nennen,
was kann - soll - muss er dann machen?

Ariane Birkenmaier:

Ja, das wollte ich vorhin auch schon beim Thema „Angst" erwähnen. Nicht nur der Betroffene hat Angst vor dem Sterben. Häufig sind
es ja auch die Angehörigen, die Angst haben, ihn loszulassen. Und
das ist natürlich schwieriger bei einem kleinen Kind, einem Neuge-
borenen als bei einem älteren Patienten, der über achtzig, neunzig
Jahre alt ist, bei dem es jeder eigentlich verstehen kann. Bei jünge-
ren und kleineren Patienten würde kein Angehöriger jemals eine
Patientenverfügung schreiben und unterschreiben. So etwas gibt es
da nicht. Man würde immer alles probieren. Das ist schon so.

4. Thema: Soziales Umfeld - Sterben zu Hause?

Friedrich Wolff:

Stichwort „Angehörige". Das ist auch ein grosses Thema. Wir haben das mal bei einem Mitarbeiter erlebt. Dessen Familie wollte ihn nicht gehen lassen. Er wäre bereit gewesen. Er hatte Krebs und war in sehr schlechtem Zustand, aber er musste eine Behandlung nach der anderen über sich ergehen lassen, weil die Familie gesagt hat: „Wir lassen dich nicht gehen!"

Ariane Birkenmaier:

Das ist wieder die Angst der Angehörigen, die häufig grösser ist als die Angst des Betroffenen. Ich denke, da muss zu einem Zeitpunkt, wo es noch möglich ist, eine Kommunikation zwischen Betroffenem und Angehörigen stattfinden, bei der diese Sachen klar festgelegt werden.

Jürg Meier:

Das wirkt jetzt vielleicht etwas boshaft oder plakativ: In meiner Familie ist ja ein Kind mit fünf Jahren nach einem Unfall verstorben ... Ich weiss nicht, ob das anders überhaupt ausdrückbar ist, aber im Prinzip ist das alles eine mehr oder weniger verkappte Form von Egoismus, den man als Angehöriger hat. Man hat dann zwischendurch solche Gefühle, wie, dass man „böse" ist.

Bei uns war die Situation ja dann wirklich so, es war absehbar, und

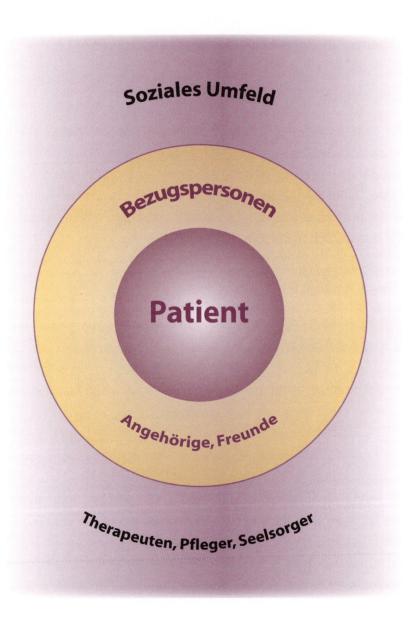

Das soziale Umfeld kann den Sterbeprozess wesentlich beeinflussen.

es war auch richtig, dass es so gekommen ist, wie es gekommen ist. Aber man ist vielleicht Gott gegenüber sogar ein bisschen böse: „Was fällt dem ein? Wir wären doch absolut in der Lage, da mit diesem Kind ... wir hätten ja alles gemacht, dass das Kind es schön hat!" - Und jetzt kommt er und nimmt uns das.

Und ich denke, das geht alles in die gleiche Richtung: „Wir wollen jetzt einfach, dass der Vater oder der Onkel - oder wer auch immer - gefälligst hier zu bleiben hat. Sonst fühlen wir uns irgendwo ein wenig betupft!"

Es ist hochinteressant. Ich habe das selbst alles eins zu eins erlebt. Und solche Gedanken entstammen einem gewissen Egoismus: „Ich bin schliesslich auch wer und möchte jetzt hier eigentlich das Sagen haben!"

Armin Ellenberger:

Was wir nochmal ansprechen müssen - das habe ich selbst erlebt bei der Begleitung meines Bruders: Es gibt natürlich beim Sterbenden auch ganz besondere Ängste: „Wie können die Angehörigen mit allem umgehen, wenn ich einmal nicht mehr da bin? Wie ist dann das soziale Feld?"

Das kann natürlich einen Sterbenden auch hindern zu sterben - wenn er Angst hat, dass seine Gattin oder die Kinder mit dem, was zurückbleibt, nicht mehr zurechtkommen. Es ist wirklich für den Einzelnen ganz wichtig, dass er, bevor er in eine solche Situation kommt - wenn es möglich ist -, in diesen Dingen auch alles geordnet hat. Ich habe das oft auch erlebt in der Seelsorge, dass immer dann das

Oft überragen die Anforderungen der Sterbebetreuung turmhoch
*die häuslichen Möglichkeiten. Deshalb sind finanzielle und soziale Beratung
in vielen Fällen notwendig.*

Loslassen für den Sterbenden schwierig ist, wenn er das Gefühl hat, vom finanziellen Aspekt her könnte es Probleme geben.

Hans Anliker:

Wir haben ja einen sozialen Beratungsdienst in unserer Kirche. Das wäre eigentlich die Komponente, die in dem Buch „Sterben erleben" erwähnt wird: Die finanzielle und die soziale Beratung. Es gibt auch in Basel eine Institution für Krebskranke, die Voluntas Sterbebegleitung, welche eine ähnliche Konstellation hat mit Arzt und finanzieller Beratung, mit allem zusammen. All das wird dort auch angeboten.

Also, man kennt das ja schon im Ansatz: Der Weg ist schon richtig, aber - wie ich gelesen habe - es hapert dann einfach am Schluss an den Finanzen, denn das kostet natürlich auch sehr viel. Aber, wie gesagt, wir haben es ja, die Instrumente wären da. Wenn jemand, der im Sterben liegt, jetzt bei uns in der Kirche - bei anderen Kirchen ja auch - Probleme hat, kann man die Finanzen, die Versicherungen und alles, was dazugehört, ohne weiteres besprechen. Das bieten wir ja auch an. Aber es muss von den Angehörigen veranlasst werden, das ist klar. Da kommen wir nicht von uns selbst aus.

Frank Wolff:

Es ist interessant, wenn man den Sterbeprozess anschaut, dann geht es ja zum einen um den Prozess, den ich als Sterbender durchmache - wie ich mich auf die Zukunft vorbereite, wie meine Gesundheit beeinflusst wird, in wie weit ich selbst bereit bin zu gehen. Und dann ist da eine ganz andere Seite, und das ist die Wechselbezie-

Ergänzende Informationen: Häusliche Pflege

Die Mehrzahl der Sterbenden (laut Umfrage ca. 80%) würde gerne zu Hause sterben. Die häusliche Pflege stellt aber an die Pflegenden entsprechende Anforderungen. Erfahrung im Umgang mit kranken Personen sind von Vorteil. Die psychischen und physischen Belastungen, der Zeiteinsatz und die fachlichen Ansprüche überfordern mitunter die Angehörigen zu Hause. Hinzu kommt der Leidensdruck und der Abschiedsschmerz.

Je nach Mobilität des Patienten sind auch die Räumlichkeiten gefordert. Die Qualität des Bettes (verstellbar), die Beleuchtung, die Sicht nach draussen und Hilfsmittel wie Haltegriffe im WC und Duschbad müssen den Erfordernissen entsprechen und zumindest vorhanden sein. Im Anhang des Buches „STERBEN ERLEBEN - Band II" (Verlag Cosmosophia, 2007) findet sich eine Checkliste zur Erkundung der Machbarkeit häuslicher Pflege. Auch die finanziellen Möglichkeiten gilt es zu prüfen.

Überfordern die Kriterien der häuslichen Pflege (Schaubild umseitig), können die Dienste von Organisationen wie Spitex, Voluntas, Caritas, Hospiz und vor allem die Palliative Care-Teams in Anspruch genommen werden. In der häuslichen Pflege spielt vor allem auch der Hausarzt eine wichtige Rolle. Er sollte in alle Entscheidungen eingebunden werden.

4. Thema: Soziales Umfeld - Sterben zu Hause?

hung im Sterbeprozess zum Umfeld.

Und wenn man sich das so überlegt, ist das eine ganz eigene Seite des Sterbeprozesses. Also, der Prozess, der in mir selbst abläuft, zum einen und der Prozess, der mit meinem Umfeld abläuft, zum anderen - die Wechselbeziehung, die dann, obwohl ich selbst vielleicht bereit bin, den Sterbeprozess ganz massiv beeinflussen und auch stören kann.

Friedrich Wolff:

Die Angehörigen spielen auch in der Betreuung des Sterbenden eine grosse Rolle. Ich glaube, dass da auch viel Entwicklung und Aufklärung nötig ist. Es darf ja heute nicht mehr darum gehen, den Sterbenden irgendwo reinzuschieben in ein Sterbeheim: „Da habt ihr ihn, wir wollen nichts mehr damit zu tun haben!" Sondern man ist bemüht, das Sterben zuhause zu ermöglichen.

Das bedingt aber, dass die Angehörigen mitmachen wollen und können, die Belastbarkeit vorhanden ist, auch Kenntnisse vorhanden sind. Denn es können ja jederzeit Komplikationen eintreten. Es muss der Rückhalt da sein, 24 Stunden lang, dass die Angehörigen auf einen Arzt zurückgreifen können, Pflegeunterstützung bekommen. Also, es sind da vielerlei Hilfsdienste notwendig, um das Sterben zuhause überhaupt zu ermöglichen.

Jürg Meier:

Wir sind ja jetzt davon ausgegangen, dass die Möglichkeiten vorhanden sind, dass aber eben die Angehörigen irgendwie fast „Brem-

Kriterien häuslicher Pflege

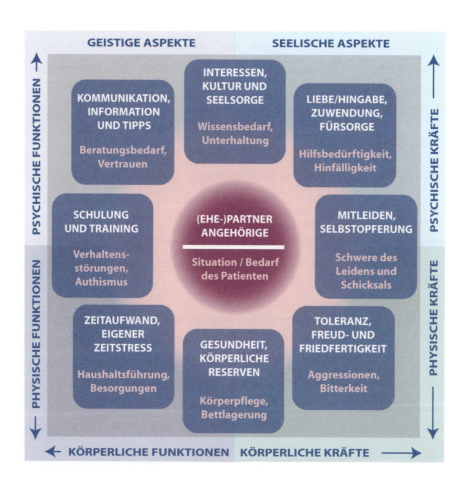

Schaubild aus STERBEN ERLEBEN - Band II, Verlag Cosmosophia, 2007.

ser" sind in dem ganzen Prozess. Ich möchte vielleicht noch einen Aspekt hier hereinbringen, den sicher alle auch erlebt haben, die selbst so etwas durchgemacht haben, etwas vielleicht besonders Tragisches.

Etwas salopp gesagt, ist das Sterben mit dem Tod für den Toten zu Ende. Also, er stirbt, und dann ist er tot. Gut, wie es dann weitergeht für ihn, ist dann für uns in dem Sinne nicht mehr relevant. Aber für die Angehörigen beginnt es dann erst! Das ist etwas, das man erlebt! Gerade bei so etwas Tragischem: Ein Kind, das stirbt. Da ist dann irgendwie die ganze Umgebung geschockt.

Ich erinnere mich, in dem Wohnort, in dem ich war, da sind Mütter und Hausfrauen von Haus zu Haus gegangen und haben eine Petition gemacht, dass ein Autounfall war und im ganzen Dorf gefälligst nur noch 30 km/h gefahren werden solle - als hätte man dadurch den Tod dieses Kindes verunmöglichen können. Das war eine grosse Sache.

Aber dann kommt ja das Verrückte: Dieser Schockzustand - und das ist völlig menschlich, verständlich - hält dann vielleicht noch zwei, drei Wochen an. Und dann geht die ganze Welt wieder zur Tagesordnung über.

Und du hockst allein in deinem Sumpf von Trauer und all diesen Dingen. Dann hat man wirklich das Gefühl, dass man alleine ist.

Es wurde gesagt, dass die Möglichkeiten, die Wege da sind. Theoretisch stimmt das alles, aber praktisch sieht es anders aus. Wahrscheinlich hängt es auch zum Teil an den Finanzen, dass man keine flächendeckende Nachbereitung bieten kann, oder auch schon im

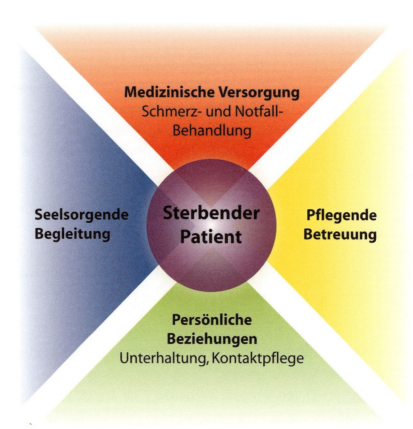

....

„Nehmt das Sterbende in eure Mitte."
Diese Bitte - oder gar Aufforderung - gilt allen Beteiligten des Palliative Care-Teams
zur Optimierung der verbleibenden Lebensqualität des Sterbenden.

Sterbeprozess drin nicht genügend Betreuung bieten kann. All diese Möglichkeiten, die in diesem schönen Buch „Sterben erleben"
aufgezeigt sind, sind wahrscheinlich deshalb nur so marginal vorhanden, weil wir alle leben. Und die Lebenden - irgendwo steht das
auch in der Bibel - sind halt bei den Lebenden! Krankheit und Sterben führt natürlich auch in die Isolation. Und das interessiert dann
die grosse Menge weniger. Darum ist auch das Geld für solche Dinge dann nicht vorhanden.

Ariane Birkenmaier:

Nochmal zu diesem Sterbeprozess. Der ist natürlich unterschiedlich, je nachdem, ob jemand mal plötzlich verstirbt als Folge eines
Autounfalles, oder wirklich eine längere Krankheit bestanden hat. In
diesem Fall kann man sich ja als Angehöriger sowie als Sterbender
wirklich auch darauf vorbereiten und offene Fragen noch klären oder
finanzielle Sachen noch besprechen. Aber bei so einem tragischen
Unfall? Da ist niemand darauf vorbereitet. Und die Verarbeitung
danach ist natürlich dann das Aufwendige, das Schwierige, wobei
es Unterstützung braucht.

Friedrich Wolff:

Da kommt wieder das Stichwort „Seelsorge" auf den Tisch, die - jetzt
mal ganz grob gesagt - als Sterbebegleitung wirksam werden muss,
aber auch die Angehörigen stützen und nach Eintritt des Todes die
Trauerarbeit verrichten soll. Die Seelsorge erfüllt eben eine wichtige
Funktion im Palliative Care-Team.

5. Thema: Systematische Pflege

Daniela Howald:

Darf ich noch schnell auf etwas zurückkommen? Ich möchte die externe Spitalpflege noch ansprechen. In Basel läuft diese ja schon recht gut, aber in Luzern eigentlich noch nicht. Es wurde gesagt, die Leute sollen nach Hause gehen zum Sterben. Dazu braucht man eine Einrichtung, die die entsprechende Unterstützung bietet. Bei uns gibt es zwar die „Spitex", aber es gibt keinen speziellen Dienst, wie „Hospiz" oder den „Brückendienst", welcher speziell geschultes Pflegepersonal zur Verfügung stellt zum Beispiel für Patienten, die mit terminalen Krebserkrankungen nach Hause gehen und bei denen die Pflege sehr viel aufwendiger ist.

Es bereitet den Pflegenden selbst auch grosse Angst, Patienten mit so hohen Morphindosen, mit Atemnot und so weiter heimgehen zu lassen. Und ich glaube, dieses Problem ist in der Schweiz noch nicht flächendeckend gelöst. Bei uns in Luzern jedenfalls ist da noch keine optimale Lösung vorhanden.

Und dann nimmt man eben niemanden nach Hause, weil man nicht genügend Unterstützung hat von einem Dienst, der einem wirklich helfen kann.

Friedrich Wolff:

Es muss ein ganzes Netzwerk sein, das über das ganze Land verteilt ist.

Frage: Welchen Sterbeort betrachten sie als ideal für einen unheilbar kranken Angehörigen?

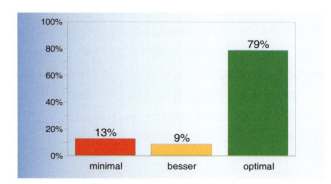

Als ideal betrachte ich das eigene Heim mit Unterstützung durch Fachpersonal (Hausarzt, Pflegepersonal, Seelsorge).

Nahezu 80% der Befragten sieht das eigene Zuhause als idealen Sterbeort, trotz aller Schwierigkeiten und Belastungen, Einschränkungen und Unsicherheiten (Umfrage aus STERBEN ERLEBEN - Band I, Verlag Cosmosophia, 2007).

Daniela Howald:

... Und über speziell geschultes Pflegefachpersonal verfügt. Auch die Ärzte und die Hausärzte sind teilweise total überfordert, wenn Menschen mit hohen Morphindosen nach Hause kommen. Dann wird meistens auch falsch gehandelt, weil man zu wenig Ahnung hat und sowieso keinen Spezialisten hinzuziehen möchte. Da ist schon noch Bedarf.

Ariane Birkenmaier:

... Und Bedarf wirklich 24 Stunden am Tag, das ist auch noch etwas problematisch, was natürlich in einem Krankenhaus schon gewährleistet ist, aber zu Hause eher schwierig ist.

Palliative Care Förderung:

- *Verschiedene Organe (Gesellschaften für Palliative Care, Verbände und Vereine, Kirchen und kirchliche Organisationen, Krebsliga und Verlage) verbreiten die Thematik (allein Verlag Cosmosophia: 3 Buchtitel).*

- *Politische Massnahmen der Regierungen (CH, D).*

- *Finanzielle Unterstützung (Versicherungen, Kassen, Verbände, Kirchen, Stiftungen, Staat).*

- *Vermehrte Schulungsangebote für Ärzte und Pflegepersonal, Info für Angehörige.*

- *Organisationsstrukturen (Netzwerke, palliative Teams, Hospiz, Spitex, Caritas usw.).*

- *„PalliaCare" - Initiative des Verlages Cosmosophia.*

Eine Welle ist in Bewegung gekommen: Palliative Care.

6.
THEMA

6. Thema: Seelsorge - aber wie?

Armin Ellenberger:

Also, wenn wir jetzt auf die Seelsorge kommen: Die grosse Aufgabe eines Seelsorgers ist es, aktiv zuzuhören, und zwar nicht nur mit dem Kopf, sondern mit dem Herzen und zu versuchen, den seelischen Druck des Sterbenden abzubauen. Diese Möglichkeit haben wir als Seelsorger.

Man muss die Sache auch ganz langsam angehen, damit man dem Sterbenden erklären kann, dass seine Krankheit irgendwann in nächster Zeit zum Tod führen wird. Und ich habe selbst erlebt, dass das gar nicht so einfach ist, dann schon über Ewigkeit oder über das Sterben an sich zu sprechen. Solange der Sterbende noch nicht bereit ist und noch leben möchte, müssen wir uns als Seelsorger sehr, sehr zurückhalten und darauf hören, was wir reden, damit der Sterbende nicht wieder in Ängste kommt.

Christina Schmidlin:

Mein Vater kam aus einer Bauernfamilie. Er war nicht gläubig, aber hat trotzdem - überraschend für mich -, als er krank wurde, gesagt: „Ich bin jetzt achtzig Jahre alt, und irgendwann muss ich gehen, das ist jetzt einfach so."

Er hat eine Kindheit gehabt in einem kleinen Dorf in Italien. Da hat man soviele sterben gesehen, schon als Kind. Sie waren zehn Geschwister, und von diesen sind vielleicht schon drei gestorben, als sie noch ganz klein waren. Also: man hat mit dem Tod gelebt. Man

Zeitlichkeit und Ewigkeit spiegeln sich wieder in den Wellen:
Wellen des Wassers und des Lichtes, Wellen des Lebens und des Sterbens.

hat damit gelebt, dass die Toten zu Hause aufgebahrt wurden. Es gab Zeiten, da sind in einem Jahr die ganzen Jahrgänge gestorben!

Er hat ein ganz anderes Erleben gehabt bezüglich des Sterbens. Für ihn war das normal, dass man, wenn man achtzig oder neunzig Jahre alt ist, sterben muss. Das hat mich sehr beeindruckt. Vielleicht haben es einige Menschen dadurch auch einfacher, weil sie den Tod früher schon erlebt haben.

Friedrich Wolff:

Das ist ja die grosse Frage: Warum ist das Sterben ein Tabuthema geworden, da man doch selbst betroffen sein wird, da man Angehörige hat, die betroffen sein können und werden, und man im Umfeld ständig mit dem Tod konfrontiert wird?

Man sieht Unfälle. Man erlebt sterbende Verwandte. Man ist eigentlich ständig mit dem Thema Tod zu Gange. Und trotzdem - mir geht das ganz genauso - schiebt man dieses Thema weit weg von sich.

Frank Wolff:

Das ist eigentlich ein spannender Gedanke anschliessend an das, was jetzt gesagt wurde: Es sollte eigentlich schon Aufgabe der Seelsorge sein - obwohl sie sich ja nicht nur auf den Punkt des Sterbens konzentrieren sollte, sondern schon auch auf das Leben - ganz gezielt. Aber Gegenstand der Seelsorge und Aufgabe ist eben auch das Sterben und das „Darauf-Vorbereiten", dass man sterben muss, und auch das Vorbereiten auf das, was nachher kommt - das Schaffen der Sicherheit, von der wir es vorhin hatten. Es sollte eigentlich

Täglich führt uns der Lebensweg am Tor des Todes vorbei.
Noch ist es für uns verschlossen. Doch eines Tages steht es offen.

schon immer Gegenstand der Seelsorge sein, die Welten zusammenzubringen, damit der Tod dann eben nicht ein solches Tabuthema ist.

Armin Ellenberger:

Vielleicht muss ich das noch etwas besser erklären, was ich eigentlich meinte: Wichtig ist es als Seelsorger, dass man bei dem Sterbenden herausfühlt, ob er nun bereit ist, damit ich über die Ewigkeit, über das, was danach ist, eben auch reden kann. Ich habe auch sehen müssen, dass Patienten und Sterbende oft nicht bereit waren. Und da ist es dann ganz wichtig, dass wir feine Sensoren haben, um darauf einzugehen.

Jürg Meier:

Es sind zwei Aspekte, die mir jetzt gerade in den Sinn gekommen sind. Das, was Frank Wolff angesprochen hat: Unser ganzer christlicher Glaube läuft letztlich darauf hin, dass wir uns auf genau das vorbereiten, dass wir nämlich da mal wieder verschwinden, wo es uns so gut gefällt!

Also, Paulus hat gesagt: „Ich sterbe täglich". Und ich meine, damit hat er in gewissem Sinn das angesprochen, was Friedrich Wolff vorhin gesagt hat: Eigentlich wissen wir ja alle, dass irgendwann einmal der Moment kommt, wo wir nun nicht mehr schöne Kleider kaufen oder schöne Ferien machen oder in einem schönen Auto durch die Welt fahren können. Das wissen wir alle. Aber wir tun im Prinzip alle so, als ginge uns das nichts an!

Ergänzende Informationen: Seelsorge

Seelsorge leistet einen wichtigen Beitrag bei der Sterbebegleitung (PalliaCare).

Der Seelsorge obliegt in den christlichen Kirchen die Aufgabe, Unterstützung und Begleitung in Fragen des Glaubens und der Lebensführung zu leisten. Zum Seelsorgeauftrag können Geistliche oder auch ausgebildete bzw. geeignete Freiwillige betraut werden. Die Seelsorge versteht sich als umfassende Zuwendung zum Menschen. Prinzipiell anerkennt sie dabei die Selbständigkeit des individuellen Gewissens vor Gott.

Die wichtigsten Elemente der Seelsorge sind das Gebet, die Wortverkündung und die Spendung der Sakramente. Ferner gehören zur Seelsorge die Beratung und Hilfe im psychosozialen Bereich wie zum Beispiel Sterbebegleitung und Trauerbewältigung.

6. Thema: Seelsorge - aber wie?

Und wenn Paulus meint: „Ich sterbe täglich", dann könnte man das auch mal so interpretieren, dass wir uns eben täglich immer wieder vor Augen halten, dass das einfach nicht so bleibt und dass es eigentlich noch viel Wichtigeres gibt.

Wenn ich mit Menschen in Kontakt komme, die eine schlechte Nachricht vom Arzt haben - das ist dann meistens eben irgendein Krebs oder so etwas in der Richtung -, dann mache ich im Grunde immer das Gleiche: Solange, wie dieser Mensch leben möchte, bitte ich um das Wunder, dass der liebe Gott ihn wieder gesund macht. Und das kommuniziere ich auch so: „Solange du lebst, solange glaube ich daran, dass der liebe Gott es auch wieder zum Guten wendet in dem Sinn, dass du noch ein paar Jährchen hier sein kannst."

Ich spreche aber gleichsam auch immer ganz gerade an, dass jetzt - bei einem solchen Krankheitsbild - auch der Zeitpunkt gekommen ist, wo man sich mit dem Gedanken auseinandersetzen muss, dass man vielleicht nicht mehr gesund wird, und frag' dann ganz offen: „Hast du Angst, wenn du an das Sterben denkst?"

Und dann öffnen sich diese Menschen, und man merkt sofort, ob der Mensch bereit ist oder nicht, oder inwiefern er bereit ist. Aber die meisten sagen einem dann auch, dass sie Angst haben. Dann ist man sofort auf einer neuen Ebene. Dann kann man nämlich über diese Angst sprechen. Und ich stelle einfach fest, das tut dem, der Angst hat, immer gut, wenn einer mit ihm über seine Angst spricht.

Wenn jemand soweit ist, dass er sogar ganz von sich aus sagt: „Jetzt möchte ich sterben", dann ist für den Seelsorger der Augenblick gekommen, im Gebet in Anwesenheit des Kranken zu Gott zu sagen: „Du hast jetzt hier den Wunsch deines Kindes gehört, bekenne

Jede Lebenssonne geht eines Tages unter.
Jeder weiss es, doch keiner will davon wissen.

dich doch dazu und schaue, dass dieser Leidensweg möglichst rasch ein Ende nimmt!" Und das wird dann positiv empfunden.

Aber noch etwas, was ich in diesem Zusammenhang auch gesehen habe, ist, dass man Momente schaffen muss, in denen man als Seelsorger mit dem Kranken alleine ist. Es ist unglaublich, wie oft Kranke dann ihren Angehörigen noch Mut machen möchten, weil sie genau wissen, die möchten jetzt hören, dass sie quasi „den Löffel noch nicht zur Seite gelegt haben". Sie sprechen mit ihnen über alles - nur nicht über den Tod. Und sobald man mal mit dem Kranken unter vier Augen ist, kommt dann plötzlich: „Eigentlich bin ich ja schon lange bereit, ich möchte jetzt gehen!" Der Kranke ist oft auch zu den Mitmenschen in seiner Umgebung nicht ehrlich, weil er ihnen einen gewissen Schutz bieten möchte - Ich kann das nicht anders ausdrücken.

Daniela Howald:

Ich finde das jetzt nicht so positiv, wenn du sagst, du bittest um ein Wunder. Wenn du die Diagnose hörst, und grundsätzlich könnte nur noch ein Wunder die Heilung bringen, und du bittest dann um dieses Wunder, gibst du dem Kranken keine Chance, sich wirklich damit auseinanderzusetzen, dass er eigentlich sterben muss. Der Kranke muss sich mit dem Verlustgedanken auseinandersetzen!

Das sind verschiedene Phasen, die er durchlaufen muss, damit er überhaupt soweit kommt, dass er das annehmen kann, dass er stirbt. Ein Wunder kann dann trotzdem geschehen. Aber, solange du um ein Wunder betest, muss der Kranke sich nicht mit dem Verlustgedanken auseinandersetzen.

Kommentar: Das Gebet

Während der Luxusdampfer Titanic mitsamt den vielen Passagieren in den eisigen Fluten des Atlantik versank, spielte die Bordkapelle das Lied „Näher mein Gott zu Dir" – gleich einem letzten Gebet. Ganz ähnlich kann man sich die Gefühle eines Sterbenden vorstellen. Während sein Lebensschifflein in den Fluten des irdischen Lebens versinkt, sucht er die Nähe Gottes.

Der Seelsorger hat nun die Aufgabe, diese Nähe zu Gott zu schaffen. Das kann nur im Gebet geschehen. Auch das grosse Vorbild der Christen, Jesus Christus, suchte bei seinem Opfertod die Nähe seines Vaters.

Das Gebet ist die Anrufung Gottes, die Telefonverbindung mit dem „Schöpfer des Kosmos". Zu allen Zeiten haben Menschen aller Völker das Gebet geübt. Es entspricht dem Drang des Menschen, mit Gott zu sprechen. Diese Gabe hatte der Mensch von Anfang an. Durch den Ungehorsam und Unglauben ging diese geistliche Gabe mitunter verloren.

Das Gebet ist die Lebensform, das Lebensklima des geistigen Menschen. Demgemäss äussern sich im Gebet:
- Lob und Dank,
- Achtung und Anbetung,
- Kindesliebe zum Vater und Nächstenliebe in der Fürbitte.

Für die Erhörung eines Gebetes kennt die Bibel folgende Voraussetzungen:
- kindlicher Glaube in die Allmacht Gottes,
- Vertrauen in die Weisheit und Vorsehung Gottes,
- demütige Unterstellung unter den Willen Gottes.

Selbstverständlich kann ein Gebet auch aus einem Hilferuf oder einem „Dankjubel" bestehen. Die körperliche Stellung spielt dabei keine Rolle – ob stehend, kniend, sitzend oder gehend. Hauptsache dabei ist: Das Gebet kommt von Herzen.

6. Thema: Seelsorge - aber wie?

Jürg Meier:

Ich habe das vielleicht etwas salopp ausgedrückt, diesen Spruch mit dem Wunder. Es ist ganz klar: In dem Moment, in dem sich mir jemand mit so einer Krankheit anvertraut, sage ich natürlich: „Oha, das ist jetzt keine Grippe!" Das wissen wir dann alle.

Aber meine Meinung ist auch die, dass der Mensch letztlich nicht nur an einer Krankheit stirbt oder an einem Unfall. Der Zeitpunkt ist einfach gekommen, wenn der liebe Gott meint: „Jetzt ist Schluss". Dann ist Schluss. Eigentlich völlig egal, an was der Mensch dann tatsächlich stirbt. Ich wollte damit nur sagen, ich möchte nicht dem, der nicht bereit ist - noch nicht bereit ist -, quasi seine Hoffnung nehmen. Solange dieser Mensch Hoffnung hat, unterstütze ich ihn dabei. Aber ich sage ihm natürlich schon, was ich denke und wie ich die Situation einschätze. Und die Ärzte äussern sich heutzutage zum Glück auch, zwar sehr vorsichtig. Aber die Zeiten, in denen ein Schwerstkranker vom Arzt nicht gesagt bekam, dass er schwerstkrank ist, sind, glaube ich, vorbei. Vor dreissig oder vierzig Jahren gab es so etwas noch. Man hat es dem Kranken nicht gesagt. Das ist natürlich eine unschöne Sache.

Ariane Birkenmaier:

Manchmal nehmen die Patienten die Diagnose nicht wirklich so auf, wie der Arzt diese übermittelt hat. Sie haben teilweise eine andere Wirklichkeit. Was mir ganz wichtig erscheint, ist sicher, dass man in diesem Gespräch sehr ehrlich ist. Und was mir auch wichtig erscheint ist, dass man sich selbst Gedanken macht, was ist mit mei-

Das „tägliche Sterben" macht auch nicht vor der sorgfältig gepflegten Strandpromenade von Montreux halt.

nem eigenen Sterben, mit meinem eigenen Loslassen? - Damit man überhaupt jemanden begleiten kann in dieser Phase.

Hans Anliker:

Das ist ein schwieriges Thema mit der Seelsorge. Wir hatten in unserer Kirchengemeinde in letzter Zeit sehr viele Sterbefälle und schwerkranke Menschen. Der Vorsteher sagt vom Altar aus der Gemeinde immer, sie solle beten, dass es wieder gut kommt. Jetzt ist die Frage: Ist es gut, wenn der Mensch hier lebt, oder ist es gut, wenn er stirbt? Hat da die Seelsorge nicht ein gewisses Problem mit dieser Aussage? Wenn die Gemeinde wirklich betet, dann lassen wir diesen Menschen ja nicht gehen!

Friedrich Wolff:

Ich glaube, der Schlüssel liegt in dem, was Jürg Meier vorhin gesagt hat: „Ich sterbe täglich". Wir sterben tatsächlich täglich - biologisch gesehen. Jeden Tag lassen wir viele Millionen Zellen in den Tod gehen. Das ist schon einmal ein tägliches Sterben. Dann sterben wir täglich mit unserer Umwelt. Wie wir vorhin gesagt haben, wir erleben ständig Todesfälle. Und zum Dritten sollten wir - jeder für sich - am Sterben arbeiten, am Reifen des inneren Menschen, am Lösen vom Irdischen. Das ist auch ein tägliches Sterben. Und schliesslich ist man dann, wenn man dieses Wort auf sich anwendet - ich sterbe täglich -, auch bereit zu gehen, wenn es Zeit ist.

Ein wenig Licht genügt, um das Leben aus dem Dunkel zu befreien.
Der Seelsorger soll eine Lichtesquelle in dem Dunkel des Unglaubens sein.

Daniela Howald:

So, wie ich das verstanden habe, meinst du, Hans, es gibt eine Kraft, wenn eine ganze Gemeinde betet, der Mensch soll wieder gesund werden. Das glauben wir ja auch. Und du fragst eigentlich, ob das in Ordnung ist, ob man das darf.

Hans Anliker:

Ja, ob das der Plan Gottes ist. Wenn die Gemeinde betet, dass dieser Mensch wieder gesund werden soll, dann hat er noch ein paar schöne Jahre hier. Aber vielleicht hätte er ein paar schönere Jahre auf der anderen Seite! Das ist natürlich ein Ausspruch, der sehr heikel ist.

Mein Vater ist letztes Jahr gestorben, und er hat schon sehr lang gesagt, er begreife nicht, dass er überhaupt nicht gehen kann. Er wollte gehen, aber er wurde nicht weggenommen. Er hat mal einem Seelsorger gesagt, er solle nicht beten, dass er bleiben kann. Das ist ein Ausspruch. Er hat losgelassen, und er war weg.

Jürg Meier:

Ich glaube, der Fehler liegt hier wirklich in der ungeschickten Aussage, die dann in einer Gemeinde fällt. Natürlich muss man jetzt einfach mal etwas sagen. Wir singen Lieder wie „In die Herrlichkeit möchte ich gehen" und „Meine Heimat ist dort in der Höhe" und so weiter. Und es gibt Leute, die sagen: „Das ist mein Lieblingslied!" Aber, wehe, es kommt der Moment, da ihnen der Arzt sagt: „Jetzt ist es dann soweit, dass du wirklich diesen Schritt machst," dann

Kommentar: Grenzen der Seelsorge

Die Gesprächsrunde bringt ans Tageslicht, was für viele Leser im Dunkeln liegt: Die verantwortungsvolle und meist schwierige Tätigkeit eines Seelsorgers. Man erwartet von einem Seelsorger viel: Immer lieb und freundlich zu sein, alles zu tun, was man von ihm verlangt, die Toten zu beerdigen und die Hinterbliebenen zu trösten.

Im Falle des Sterbens braucht man den Seelsorger aus nahe liegenden Gründen. Er soll um ein Wunder beten, solange der Patient noch leben will. Hat dieser dann genug vom Leben, ändert sich die Ansicht, und der Seelsorger soll jetzt das Tor zum Tod öffnen - und dies alles aus der Macht Gottes heraus.

Die einen erwarten vom Seelsorger Ermutigung und Stärkung des Lebenswillen, die anderen wünschen sich eine sanfte, schonende Sterbebegleitung, und noch andere fordern schonungslose Aufklärung des Krankenzustandes und der verbleibenden Lebensaussichten.

Wie sagt es der Volksmund? „Denn allen Menschen recht getan, ist eine Kunst, die niemand kann".

Und dann sollte man auch berücksichtigen, dass der Seelsorger auch nur ein Mensch ist, mit persönlichen Gefühlen und Stimmungen, mit Sorgen und Problemen oder gar mit eigenen Krankheiten und Leiden.

6. Thema: Seelsorge - aber wie?

singen sie das Lied vielleicht immer noch gerne, aber sie möchten doch nicht gerade so schnell rüber.

Also, das ist wahrscheinlich menschlich, denke ich jetzt einmal. Von mir aus gesehen, liegt der Punkt wirklich in der ungeschickten Wortwahl. Es ist schön, wenn eine ganze Kirchgemeinde für jemanden betet, der jetzt krank ist oder etwas Schwieriges zu durchleben hat. Im Prinzip sollten wir in dem Sinn beten, dass der Betroffene besondere Kräfte vom lieben Gott bekommt, um das Auferlegte tragen zu können. Das muss der Punkt sein. Und nicht beten nach dem Motto, dass der liebe Gott, der ja alles weiss, und von Anbeginn schon alles weiss und am Schluss auch noch alles weiss, jetzt quasi dazu gebracht werden soll, seinen Willen zu ändern. Ich glaube, da ist die Wortwahl ungeschickt.

Ich sehe das eigentlich immer als Fürsorge, wenn wir für jemanden beten. Man kann durchaus beten, wie das auch oft gemacht wird: Wenn es möglich ist, dass irgendein Kreuz, was auch immer das ist, vom lieben Gott weggenommen werden kann, ohne dass das dem Betroffenen in seiner geistigen Entwicklung schadet, dann soll es weggenommen werden. Dafür dürfen wir, denke ich, beten. Und daneben sollten wir aber sagen: „Und wenn du, lieber Gott, das anders siehst, dann hilf doch wenigstens tragen!"

Und da bin ich der Meinung, das ist auch für den Betroffenen etwas Fantastisches, wenn man weiss, die beten jetzt für mich. Und wer das selbst schon erlebt hat, der weiss, dass man das auch spürt, egal, ob man dann eben trotzdem am übernächsten Tag stirbt oder nicht. Also, ich sehe da eigentlich das Problem in der Wortwahl.

Wellen erfüllen den Kosmos:
- *Wasserwellen, wie hier das Meer.*
- *Elektromagnetische Wellen, wie das Licht.*
- *Akustische Wellen, wie die Musik.*
- *Geistige Wellen, wie die Information.*

Frank Wolff:

Es ist vielleicht auch ein bisschen eine Frage des Zeitpunkts. Ich glaube, es gibt den Moment, wo alle Beteiligten das abwenden wollen. Den gibt es. Wo auch der Betroffene selbst und dann natürlich auch die Umwelt das abwenden will. Und dann gibt es den Moment, wo die betroffene Person vielleicht schon viel eher bereit wäre zu gehen, und die Umwelt - und da sind wir wieder beim Egoismus - betet immer noch: „Lieber Gott, mach' es wieder gut".

Wahrscheinlich ist das im ganzen Seelsorgeprozess, der da läuft, eine Timingfrage. Das eine ist: Wie begleite ich den Sterbenden durch die Phasen? Kübler-Ross (8) hat ja mal fünf Phasen des Sterbens definiert. Man hat es auch schon auf zehn Phasen ausgedehnt. Aber ganz wichtig ist dann die Unterscheidung, die bewusste Trennung der Seelsorge in einen inneren und einen äusseren Prozess, dass man den Sterbenden auch mal ganz persönlich zu sich nimmt, und dass man auch das direkte Umfeld mal ganz persönlich zu sich nimmt und denen sagt, wenn ihr das jetzt so und so macht, dann schadet ihr dem Kranken und nützt ihm nicht. Also, dass man in der Seelsorge die beiden Prozesse, den inneren und den äusseren, ganz bewusst separat betrachtet und dem auch Beachtung schenkt.

Friedrich Wolff:

Ich stelle mir den grossen Gott vor, der Herr über die Universen ist und der das alles geschaffen hat, den Bereich der Lebenden, das Schattenreich des Todes. Und jetzt ist da ein Mensch, der mag da nicht rüber in das Schattenreich und verlangt jetzt von dem allmächtigen Gott: „Du musst jetzt da ein bisschen Kulissen schieben - ich

(8): Siehe Literaturverzeichnis im Anhang des Buches

Die Seelsorge hat auch zur Aufgabe, die Angehörigen zu trösten
und ihnen in ihrer Trauer beizustehen, die Einsamkeit der alleinstehend
Gewordenen zu überbrücken und sich um Hinterbliebene zu kümmern.

will nicht!"

Dabei soll er nur von einem Stadium in das andere gehen, das von Gott geschaffen ist. Das ist ja kein satanischer Bereich, das Schattenreich der Toten.

Frank Wolff:

Also, da ganz kurz noch eingehakt, denn das ist etwas, von dem du, Jürg, von der beruflichen Seite her wahrscheinlich auch ein grosses Lied singen könntest: Es geht hier ja um einen Veränderungsprozess. Und es gibt ja auch im Geschäft das Coachen von Veränderungsprozessen, wenn man es jetzt mal ganz technisch sagen will. Da hat der Coach nicht die Aufgabe zu verhindern, dass der Prozess passiert, denn der Prozess ist von irgendwelchen Allmächtigen vorgegeben, die eben das Schicksal des Betroffenen jetzt lenken. Es geht alleine darum, wie bringe ich den Betroffenen dahin zu akzeptieren, dass er in diesem Prozess verschiedene innere Phasen durchmacht, und dann ihn und seine Umwelt durch den Prozess durchzubringen.

Und so ist es auch beim Sterben. Es geht darum, dass man die Entscheidung als vom lieben Gott zugelassen am Schluss akzeptiert, dass man gehen muss, dass aber einfach jemand an der Seite ist, der den Betroffenen optimal durch diesen Veränderungsprozess durchbringt.

Friedrich Wolff:

Das ist Seelsorge. Oder anders gesagt, die Aufgabe der Seelsorge.

7.

THEMA

7. Thema: Was löst das Thema „Sterben" im Menschen aus?

Armin Ellenberger:

Wenn wir die Bibel zu Rate ziehen, finden wir da eine Begebenheit. Ich glaube, es war Hiskia, der König, der ja auch nicht sterben wollte. Er hat sich im Gebet ganz speziell an Gott gewandt. Und es heisst, er hat bitterlich geweint. Und Gott schenkte ihm auf dieses Gebet hin nochmals fünfzehn Jahre.

Also, es können doch gewisse Dinge geschehen, wenn der Sterbende die Möglichkeit bekommt, dass der liebe Gott seine Hand über ihn hält. Dann sind das vielleicht zwei, drei oder vier Jahre, die noch geschenkt werden. Das kann es auch heute noch geben.

Jürg Meier:

Ich hätte noch einen Punkt, den ich in dem Zusammenhang noch in die Runde werfen möchte: In so einer Situation, wenn es um Leben oder Tod geht - also, bei unserer Kleinen, die hat ja dann noch neun Tage auf der Intensivstation gelebt -, kommt das Problem der Aufrichtigkeit.

Unsere Tochter ist damals um 11.00 Uhr mittags auf dem Nachhauseweg angefahren worden, und irgendwann gegen Abend wurde es wirklich ernst und schlimm. Man hat sie operiert und musste es aufhören. Das Gehirn ist aufgeschwollen und solche Sachen. Und dann kommt einem ja natürlich als Vater plötzlich der Gedanke: „Mein Gott, das Kind stirbt!" Rational war das ein absolut richtiger Gedanke. Aber du würdest dir am liebsten selbst in die Tasche lügen, weil du gar

Jürg Meier:
„Und der Seelsorger hockt da manchmal dazwischen und weiss dann auch nicht, wie er sich verhalten soll!"

nicht den Mut hast, deiner Frau zum Beispiel diesen Gedanken zu vermitteln, weil du dir sagst: Wenn ich jetzt schon so denke, bin ich ja ein unmöglicher Kerl! Und das ist ganz, ganz schwierig. Also, ich muss schon sagen, so im Nachhinein, das war bei uns damals ein hochspannender Prozess, bis man dann auch offen mit dem Partner über solche Sachen sprechen konnte.

Und ich denke, diese Problematik hat man auch, wenn man einen Schwerstkranken zu Hause hat. Da denkt man als Partner wahrscheinlich: „Ja, also, keine Chance, das geht jetzt dem Ende zu!" Aber du willst bei dir selbst solche Gedanken gar nicht zulassen, geschweige denn, sie irgend jemandem sagen! Sonst heisst es: Jetzt ist der oder die ja noch warm, und der andere denkt schon über die Beerdigungsmodalitäten nach! Also, ich sage das jetzt etwas salopp, aber genau so läuft es ab. Man ist im Ausnahmezustand, nicht nur der Kranke, die ganze Umgebung auch. Und das macht es dann oft in der Praxis gar nicht so einfach, einen Weg zu finden.

Ich mag mich noch erinnern, so etwa nach dem zweiten Tag war eigentlich für uns der Fall klar: Es gibt eine einzige optimale Lösung: Das Kind ist nachher wieder so gesund wie vorher. Und von den schlechten Lösungen ist der rasche Tod wahrscheinlich die beste. Aber, dass man erstens soweit im Denken kommt, und zweitens dann das miteinander auch so besprechen kann, das ist wirklich nicht so einfach. Das möchte ich noch einmal betonen. Und der Seelsorger sitzt da manchmal dazwischen und weiss dann auch nicht, wie er sich verhalten soll! Er ist ja eigentlich der Neutrale - oder sollte es sein, aber er ist ja auch irgendwie emotional voll und ganz in dieser Situation drin. Und darum glaube ich, ist so ein Ansatz mit diesem Fünf-Ringe-Modell sinnvoll, wenn eben auch zwischen hinein einmal

Hans Anliker:
„Es gibt Leute, die haben einfach das Flair dazu..."

einer sagt: „So, jetzt, Leute, bei aller Emotionalität: Das sind jetzt die Facts, die Tatsachen, und mit denen müssen wir uns auseinandersetzen!"

Ich muss euch sagen, ich hatte in meinen Gedanken - ja, das klingt furchtbar, wenn man das so sagt - die Todesanzeige bereits formuliert. Die war schon in meinem Kopf. Als die Kleine gestorben war, konnte ich ein Blatt Papier nehmen und sie genauso hinschreiben, wie ich sie im Prinzip schon etwa 24 Stunden mit mir herumgetragen habe. Wenn man das so hört, ist das für Aussenstehende vielleicht furchtbar, aber so läuft es ab. Und oben drüber, das weiss ich noch, hat gestanden: „Dein Wille geschehe". Also, wenn das alles anders gekommen wäre ... Aber soweit kommst du!

Ich habe mich dann damit beschäftigt, welche Lieder wir in der Trauerfeier singen lassen wollen. So läuft das in dir ab. Aber - es ist ganz schwierig. Das verträgt wahrscheinlich auch in einer Partnerschaft oder in einer Familie nicht jeder, wenn einer sich plötzlich mit solchen Gedanken auseinandersetzt. Und für dich selbst ist es auch ein bisschen gewöhnungsbedürftig, dass du plötzlich an solche Dinge denkst, wenn du von der Intensivstation nach Hause oder auf die Intensivstation gehst, wo ein Angehöriger mit dem Tod ringt. Aber so läuft es.

Hans Anliker:

Es gibt Leute, die haben einfach das Flair dazu. Letztes Jahr ist im Altenheim eine Frau gestorben, die hatte bereits die ganze Beerdigung - die Lieder, alles - schon vorbereitet. Die hatte Monate vorher schon angefangen, alles vorzubereiten. Gut, sie hatte nicht Krebs

Ergänzende Informationen: Aussagen Sterbender

In ihrem Buch „Zeugnisse Sterbender" berichtet Monika Renz über die Ergebnisse eines Forschungsprojektes am Kantonspital St. Gallen als Schlussfolgerung:

- *Der Sterbeprozess kommt einem Übergang oder Durchgang gleich.*

- *Knapp die Hälfte der Befragten war von Angst vor dem Tode oder von Schmerzen geplagt. Nur elf Patienten hatten Angst vor der Ungewissheit des Danach.*

- *Mehr als die Hälfte der Erfassten (43 von 80) betrachtete das Sterben als Wandlung und spirituelle Öffnung. Darunter waren auch Patienten, die keiner Kirche angehörten und von Religiosität nichts hielten.*

- *Die Bindung an Angehörige war für die Hälfte der Sterbenden wichtig, aber in Todesnähe dennoch sekundär. Für 14 Patienten waren Angehörige unwichtig oder gar kein Thema. Aber nur 16 Befragte bejahten das Loslassen und Losgelassen werden. (7)*

Kommentar: Persönliches Sterben

Offensichtlich ist der Sterbevorgang ein individueller Prozess. Jeder Mensch stirbt auf seine eigene Weise. Nicht nur die Ursachen des Sterbens sind von individueller Art, auch der Sterbeverlauf folgt der jeweiligen Natur des Patienten.

7. Thema: Was löst das Thema „Sterben" im Menschen aus?

(7): Siehe Literaturverzeichnis im Anhang des Buches

oder so. Sie war einfach alt. Sie wusste, irgendwann einmal werde ich sterben, und hat sich darauf vorbereitet. Es gibt solche Leute, die das können. Und andere denken vermutlich: „Ja, nein, was macht die denn da?" Sie hat es gemacht. Und das hat funktioniert. Und sie ging auch problemlos von dieser Erde. Gut, Schmerzen hatte sie schon, krank war sie schon ein bisschen. Aber es war kein Problem für sie zu gehen. Das sind wahrscheinlich eher Minderheiten, die das können, aber sie hat das gemacht.

Armin Ellenberger:

Ich glaube, wenn jemand so vorbereitet ist auf den Tod selbst und auf das Sterben, dann hilft ihm das auch. Wenn man in diesem Alter ist und sogar soweit kommt, dass man schon den Trauertext oder die Lieder für seine eigene Beerdigung bestimmt, setzt man sich mit dem Tod so stark auseinander, dass man dann, wenn der Moment gekommen ist, wirklich in Ruhe gehen kann - wie es in den Todesanzeigen heisst: „Friedlich entschlafen" oder „im Frieden heimgegangen" -, weil man jedes einzelne Detail in aller Ruhe angeschaut hat und so der Prozess zu laufen hatte.

Harry Bruder:

Also, in meinem Alter schiebe ich das jetzt einfach weg, denn ich habe ja noch zwanzig, dreissig Jahre Zeit, mich auf meinen Tod vorzubereiten. Wenn ich achtzig bin, fällt es mir vielleicht dann auch leichter, meine eigene Todesanzeige zu schreiben, aber heute könnte ich mich wirklich nicht damit auseinandersetzen.

„Der Sinn des Lebens ist der Sinn des Sterbens."
Denn Sterben ist ein Teil des Lebens auf Erden - allgegenwärtig zu beobachten im täglichen Leben (ein mächtiger Baukran wird demontiert).

Daniela Howald:

... dann machst du das mit achtzig wahrscheinlich auch nicht, Harry. Ich bin schon sehr oft konfrontiert worden mit sterbenden Menschen. Ich finde das verrückt, dass wir die Meinung haben, wir müssen uns noch nicht mit dem Sterben befassen, denn es könnte tatsächlich schon morgen soweit sein. Die meisten Leute haben auch noch mit achtzig das Gefühl, der Zeitpunkt ist noch nicht gekommen, an dem man sich wirklich auf das Sterben vorbereiten muss.

Und bei der Seelsorge finde ich es ganz wichtig, dass man, sobald jemand dieses Thema zur Sprache bringt, auch wirklich darüber spricht und nicht einfach sagt: „Nein, nein, das ist jetzt noch kein Thema, du bist noch gut beieinander!" Ich halte es für notwendig, dass man das aufgreift: Als Familienangehöriger bei den Eltern und als Seelsorger, wann auch immer das zum Thema gemacht wird. Es besteht nämlich die Tendenz, dass man das unter den Tisch wischt, weil man sich selbst eben nicht damit befassen will - weil es ein Tabuthema ist. Für mich ein ganz wichtiger Punkt.

Jürg Meier:

Was du sagst, Daniela, bringt mich gerade auf den Ausspruch eines Biologen. Das war ein interessanter Typ. Er ist relativ jung gestorben. Den hat man mal gefragt: „Was ist der Sinn des Lebens?" Und er hat gesagt: „Der Sinn des Lebens ist der Sinn des Sterbens."

Ich denke, das ist genau der Punkt. Wir neigen alle dazu, das ganze Thema zu verdrängen. Natürlich kann man auch nicht den ganzen Tag an's Sterben denken, aber man sollte zu dieser Geisteshaltung

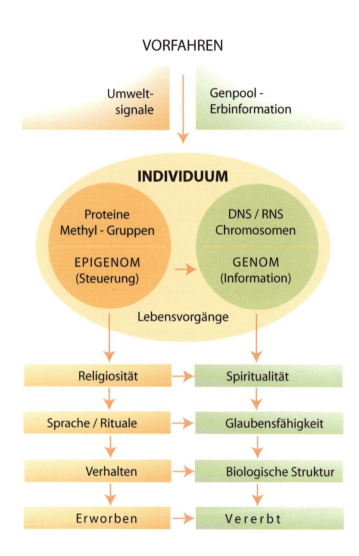

Zusammenhänge von Genom (Erbinformation) und Epigenom (Überkommenes)
Die Wissenschaft der Epigenetik erklärt die Steuerung der genetischen Anlagen. Daraus
ergibt sich auch, dass die Glaubensfähigkeit eines Menschen vom Vorhandensein
eines „Gottes-Gens" abhängen könnte, die Religiosität aber eher vom Verhalten der
Umwelt (Vorfahren, Tradition, Zwänge) und damit von der epigenetischen Steuerung.

kommen, dass man, was auch immer passiert, die Möglichkeit des Sterbens immer einbezieht und nie ausschliesst.

Wenn wir am Morgen aufstehen, dann gibt uns niemand die Garantie, dass wir abends wieder ins Bett steigen. Das ist einfach so. Und ich denke, wenn wir soweit kämen, dass uns diese Denkhaltung bestimmt, dann - und davon bin ich überzeugt - sorgen wir auch dafür, dass wir abends in Frieden mit der Menschheit wieder ins Bett steigen, so - ich sage es einmal salopp und plakativ - nach dem Motto: „Und wenn mir jetzt irgendein Blumentopf auf den Kopf fällt und das der letzte Atemzug war, dann muss ich mir nicht allzu grosse Sorgen machen, wieviele Leute da noch rumlaufen, die jetzt sauer auf mich sind und denen ich vielleicht noch etwas Gutes hätte tun oder ein gutes Wort hätte entgegenbringen können." Ich glaube, um diese Denkhaltung geht es.

Um noch ganz konkret auf das einzugehen, was Daniela Howald gesagt hat: Meine Eltern sind jetzt achtzig. Meine Mutter hatte zwei Schlaganfälle, aber es geht ihr recht gut trotz allem. Sie ist etwas wacklig geworden. Und sie sagt fast jedes Mal, wenn ich sie sehe: „Ja, weisst du, es geht uns ja gut, und wir sind ja jetzt auch schon achtzig, aber ich lebe trotzdem noch gerne ein paar Jährchen."

Das darf man auch! Aber daneben sollten wir soweit kommen, dass wir bereit sind, einfach zu sagen: „Und wenn jetzt der Moment kommt, dann ist es halt so!" Ich muss mir auch dann nicht sagen: „Um Himmels Willen, hätte ich das oder jenes oder dieses auch noch gemacht!" Ich glaube, so eine Denkhaltung hilft den Menschen auch, sich vielleicht noch etwas menschlicher zu benehmen.

Ariane Birkenmaier:
„Die Lebenserwartung ist heute einfach höher. Mit achtzig denkt man sich dann schon, jetzt wäre es Zeit, sich auf das Sterben vorzubereiten..."

Ariane Birkenmaier:

Ich wollte noch einmal auf diesen Sterbefall von vorhin zurückkommen, diese achtzigjährige Frau, die sich wirklich lange auf ihr Sterben vorbereitet hat. Das ist eigentlich das Optimum. Aber man weiss, dass das meistens so nicht der Fall ist. Manche Todesfälle passieren auch sehr überraschend.

Dass das Sterben so tabu ist, hängt wahrscheinlich auch mit dem medizinischen Standard zusammen. Die Lebenserwartung ist heute einfach höher. Mit achtzig denkt man sich dann schon, jetzt wäre es Zeit, sich auf das Sterben vorzubereiten, aber, wenn man dreissig Jahre jünger ist, kann und möchte man das noch nicht akzeptieren.

Man sollte sich jedoch einmal überlegen, wieviele Frauen und Kinder in der dritten Welt bei der Geburt sterben, das kann man sich gar nicht vorstellen. Bei uns hier ist es jedes Mal die reinste Katastrophe, wenn eine Mutter oder ein Kind bei der Geburt stirbt. Dass von fünf Kindern drei sterben, ist in der dritten Welt der absolute Normalfall. Aber wir möchten das einfach in unserer Gesellschaft nicht mehr akzeptieren. Das ist ein rein gesellschaftliches Problem. Man erwartet, dass jeder achtzig, neunzig Jahre alt wird.

Ich hatte einen Grossvater, der hat gesagt, mit 91 Jahren stirbt er, und das war dann auch so. Er hat gesagt, 90 will er noch erleben, aber dann ist fertig. Und so konnte er sich gut auf seinen Tod vorbereiten.

8.
THEMA

Thema 8: Weltbilder - das Thema „Sterben" in den Kulturen

Christina Schmidlin:

Das beschäftigt mich eigentlich schon den ganzen Nachmittag: Die Tatsache, dass wir eine „Luxusgesellschaft" sind. Einige Kilometer weiter sterben Menschen zu Hauf bei Explosionen, bei Krieg oder durch Armut und Hunger. Und diese Menschen können sich überhaupt nicht solche Gedanken über das Sterben machen wie wir hier! Sie haben keine Seelsorge, keine Hilfe - gar nichts. Wie gehen diese Menschen hinüber? Da wird nicht gefragt. Es ist Luxus, grosser Luxus, was wir hier haben.

Jürg Meier:

Es gibt natürlich auch viele Gegenden auf dieser Welt, in denen die Menschen den Tod als eine Erlösung aus einem unerträglichen Diesseits empfinden, weil es ihnen wirklich so dreckig geht, dass sie sich darauf freuen, wenn das alles ein Ende hat. Das muss man schon so sagen.

Noch ein anderer Punkt: Vier Wochen, nachdem unsere Kleine gestorben war, bin ich geschäftlich nach Fernost gereist und war dann auf den Philippinen bei einem guten Freund. Dort kamen wir auch mit Seelsorgern zusammen. Und er hat mich dann vorgestellt und gesagt, ich sei gerade in einer speziellen Situation. Die Tochter sei gestorben mit fünf Jahren. Und was dann für mich erstaunlich war: Als wir uns verabschiedet haben, hat mir einer von ihnen gesagt: „Mir ist auch schon ein Kind gestorben an einer Krankheit." Und ein an-

„Ein weisser Schwan ziehet den Kahn..."
auch die schöne Fischerin vom Bodensee wurde eines Tages vom schwarzen
Schwan gezogen.

dere hat gesagt: „Mir sind zwei gestorben." Und der dritte hatte auch einen Kindestod zu beklagen. Da gab es keinen einzigen, der nicht schon einmal so etwas erlebt hat. Und dann habe ich plötzlich gemerkt: Hier ist das ja völlig normal! Da bist du keine Ausnahme.

Hier in unserer Gegend zum Beispiel ist ja die Kindersterblichkeit mittlerweile so niedrig, dass es einfach als Frechheit empfunden wird, wenn ein Kind stirbt. Das hat es bei uns einfach nicht mehr zu geben. Und vielleicht haben wir uns da eben schon relativ weit weg entwickelt in eine Richtung, die weder von Gott mit grosser Freude angeschaut wird noch gesellschaftlich richtig ist.

Frank Wolff:

Ich glaube, das ist das Weltbild: Dass wir eben alles kontrollieren können und uns selbst auch. Und der Tod ist eben so ein kleiner Bereich, den wir noch nicht kontrollieren können. Das ist auch ein Grund dafür, dass man das Thema tabuisiert, weil man weiss: „Da habe ich keinen Einfluss mehr!" Das passt in unser Weltbild, in dem wir alles steuern und kontrollieren können, nicht hinein - und dann wird es verdrängt.

Friedrich Wolff:

Das ist das, was Ariane Birkenmaier vorhin gesagt hat. Die ärztliche Kunst führte ja dazu, dass bei uns die Lebenserwartung so ausgedehnt werden konnte, und dass die Leute nicht in dem Mass wie in anderen Ländern an Seuchen und bei der Geburt sterben müssen.

Religionszugehörigkeit
in Prozent der Weltbevölkerung
2002

Muslime
19,8%

Christliche Kirchen
32,9%

Sonstige Gläubige
13,0%

Buddhisten
5,9%

Nicht-Gläubige
14,9%

Hindus
13,8%

Juden
0,2%

Voraussichtliche Entwicklung
der Weltreligionen bis 2050
Angaben in Mio. Mitglieder

1.747

962

3.052

686

2.229

323

Christen

13,2

1.175

Muslime

425

Hindus

16,7

Buddhisten

1990

2050

Juden

Weltreligionen - Weltbilder
Die überwiegende Mehrheit der menschlichen Bevölkerung gehört einer Religion an. Und Religionen prägen im Wesentlichen das Weltbild ihrer Mitglieder.

Das hat dann ein Weltbild gebracht, welches geprägt ist von Sitten, Gebräuchen und religiösen Inhalten, an dem man sich orientiert. Und dann kommt ein weiterer Aspekt dazu: Erlösung von Übelständen. Ich kann mir gut vorstellen, dass mancher in den Ländern, von denen wir eben gesprochen haben, in denen es grausam aussieht, froh ist, wenn er das Leben hinter sich lassen kann.

In dem Buch „Sterben erleben" gibt es ein Kapitel, welches überschrieben ist mit „Das Sterben - Weg der Natur?"

Das Sterben hat ja schlechthin einen Sinn in der Biologie: Der Tod macht Platz für neues Leben.

THEMA

Thema 9: Der Sterbeprozess - Vorbereitung zur Trennung

Ariane Birkenmaier:

Ich bin in der Gynäkologie und Geburtshilfe tätig - da hat man ja eigentlich meistens mit Leben zu tun. Letztes Jahr gab es jedoch einen Fall, dass eine Schwangere zum Geburtstermin erschienen ist, weil sie abnehmende Kindsbewegungen verspürte. Es bestätigte sich, dass das Kind verstorben war.

Die Geburt musste eingeleitet werden. Wir mussten sie dann darauf vorbereiten. Und die ganze Familie war natürlich entsetzt. Es gab sehr schwierige Gespräche. Sie haben natürlich viel geweint, aber auch ihrem Kummer freien Lauf gelassen.

Und dann ist dieses Kind zur Welt gekommen. Und in diesem Moment, als das Kind dann da war, hat die ganze Familie gestrahlt. Sie haben sich einfach gefreut, als sie gesehen haben, dass das Kind ein hübsches normales Mädchen war. Sie konnten sich einfach nicht richtig vorstellen, wie das Kind jetzt aussehen würde.

Es war die erste Schwangerschaft für diese Frau. Aber in dem Moment haben sie verstanden - die Ursache für den Tod des Kindes war eine Nabelschnurumschlingung -, dass es wirklich ein ganz normales schönes Kind gewesen ist. Und für die Familie war das so wichtig, das Kind zu sehen und zu sehen, dass an dem Kind eigentlich alles normal war und dass solche Sachen einfach passieren, mit denen man sich dann auseinandersetzen muss.

Also, es war in dem Moment richtig erfreulich zu sehen, wie sie das

Die Akzeptanz des Sterbens
Die Vorbereitung auf den nahenden Tod vermittelt den Angehörigen die emotionale Kraft und das Verständnis.

dann am Schluss aufgefasst haben. Und das muss man auch erst einmal hinkriegen in so einer Situation. Das war sehr, sehr eindrücklich.

Friedrich Wolff:

... Durch die Vorbereitung...

Ariane Birkenmaier:

... Genau. Durch die Vorbereitung und dann durch die Erkenntnis, dass das Kind normal ist und dass man einfach bei manchen Sachen nichts dafür kann. Man hätte das nicht verhindern können, ausser vielleicht durch eine Einleitung der Geburt drei Wochen vor dem Termin, aber so etwas macht man ja in der Regel nicht. Sie haben gesehen, dass das einfach die Natur ist, dass so etwas passieren kann, und dass man sich darauf doch vorbereiten kann.

10. Thema: Trauerbewältigung - Abschied nehmen

Armin Ellenberger:

In einer solchen Situation ist das Abschiednehmen von besonderer Bedeutung. Wie bringe ich die Angehörigen dazu, Abschied zu nehmen? Das ist nicht immer so einfach. Aber das Schöne daran ist - ich spreche jetzt auch wieder aus eigener Erfahrung -, wenn man Abschied nehmen kann und hinterher sieht, wie der Sterbende würdevoll und im Frieden das Sterben erleben darf. Und für die Angehörigen ist es auch schön zu sehen, dass er wirklich gehen durfte. Das sind Prozesse.

Ich sage immer: Sterben ist ein Prozess, und Leben ist ein Prozess. Das gehört alles zusammen. Das Leben beginnt mit der Geburt. Und beim Sterben ist es wieder eine Geburt - nur auf die andere Seite!

Daniela Howald:

In meinem Kurs wurde dem Abschiednehmen sehr grosse Bedeutung beigemessen. Es ist ganz wichtig, dass man die Gelegenheit zum Abschiednehmen bekommt. Es ist auch unbedingt wichtig, dass man Kinder vom Verstorbenen Abschied nehmen lässt. Für sehr viele Leute ist es schwierig, wenn sie vom Verstorbenen nicht Abschied nehmen konnten.

Das Flugzeugunglück in „Halifax" diente uns als Diskussionsgrundlage, wie man Abschied nehmen kann. Man hat das Portemonnaie des verunglückten Kapitäns mit dem Foto von sich und seiner Frau darin gefunden. Und mit diesem Gegenstand konnte die Frau des

„So nimm denn meine Hände und führe mich!"
Gemeinsam lässt sich alles besser meistern und im Vertrauen liegt die Kraft dazu.

Kapitäns Abschied nehmen von ihrem Mann. Es ist wirklich schwierig, Abschied zu nehmen, wenn die Möglichkeit nicht mehr besteht, den Menschen noch einmal zu sehen.

Jürg Meier:

Wahrscheinlich spielen hier auch wieder der Glaube und unsere Vorstellungen, die wir von einem Jenseits haben, eine Rolle. Das ist natürlich sehr unterschiedlich. Glaube ist ja trotz allem sehr individuell.

Ich habe gestaunt: Unlängst habe ich in einem Interview gelesen, dass man den Papst Benedikt gefragt hat, wie er das sähe mit dem Glauben, und dann hat er gesagt, es gäbe so viel Glauben wie Menschen. Das ist eigentlich in gewissem Sinn spannend, aber ich glaube, es ist auch so. Ich denke, wenn man uns jetzt ein Blatt auf den Tisch legen und sagen würde: So, stell dir mal vor, wie das da drüben ist, könnten vielleicht die grossen Linien in etwa übereinstimmen, aber es hätte wahrscheinlich doch jeder von uns so seine eigenen Vorstellungen.

Für mich ist unsere Tochter, die gestorben ist, nicht irgendwo im Nirvana. Für mich ist sie präsent. Ich könnte es vielleicht so beschreiben: Es ist so, als hätte man in einem Haus noch ein Zimmer, in das man jetzt einfach nicht hineingehen kann. Also, sie ist präsent. Und die Leute fragen ja dann oft: Wie kommt man über so etwas hinweg? Da muss ich immer sagen: Man kommt überhaupt nicht darüber hinweg. Und es wäre auch falsch, wenn man darüber hinweg käme. Man lernt, damit zu leben und trotz allem ein glücklicher Mensch zu sein. Aber da bin ich jetzt eigentlich fast wieder der Meinung, dass

Ergänzende Informationen: Trauerbewältigung

Sterben und Tod eines geliebten Menschen verursachen Trauer und Verzweiflung. Eine Bewältigung und Verarbeitung des Verlustes hängt vielfach von der Todesursache ab. Normale Todesursachen sind unheilbare Krankheiten, akute Erkrankungen, altersbedingter Tod, Unfalltod, Infarkt. Diese „normalen" Todesursachen erfordern einen einfacheren Trauerprozess, im Gegensatz zu besonderen Todesursachen wie gewaltsamer Tod, plötzlicher Tod, Abtreibung, Suizid, HIV. Diese besonderen Todesursachen erfordern erschwerte Trauerprozesse.

Kommentar: Palliative Begleitung

Trauer ist ein komplizierter Prozess welcher die Reaktion der Seele, des Geistes, des Körpers, des sozialen Umfeldes und schliesslich des kulturellen Geschehens beeinflusst.

Abschied und die damit verbundene Trauer um Verlorenes und Vergangenes sind aber Teil des Lebens. Man sollte daher lernen mit diesen schmerzlichen Erfahrungen umzugehen. Stellt man sich nüchtern und klar der Situation, kann man die wild gewordenen emotionalen Kräfte in nützliche Bahnen lenken. Wichtig hierbei sind:

- Abschiednahme, den Verlust akzeptieren.
- Trauerschmerzgefühl durchleben und das Leben neu ordnen.
- Loslassen, dem Verstorbenen einen neuen Platz geben.
- Mut und Offenheit zur Schaffung neuer, liebevoller Beziehungen.

Das Palliative Team hat die Aufgabe, die Hinterbliebenen bei der Trauerverarbeitung zu unterstützen.

10. Thema: Trauerbewältigung - Abschied nehmen

man mit dem Glauben, also sogar jetzt auch mit dem organisierten Glauben hier, einen ganz gewaltigen Vorteil hat.

Da möchte ich noch etwas zu diesen Phasen der Trauer sagen. Das ist für mich ganz interessant gewesen. Ich kenne natürlich alle diese Dinge. Und da heisst es ja, es kommt dann in einer Phase der Moment tiefster Verzweiflung. Am Anfang kann man das gar nicht verstehen. Und dann kommt auch so ein Moment, in dem man sich fast in die Kindheit zurückziehen möchte. Aber ich habe festgestellt bei mir, und ich habe das auch oft mit meiner Frau durchdiskutiert, bei ihr war es auch so: All diese Phasen sind gekommen, nur die Verzweiflung ist nicht dagewesen, zu keinem einzigen Augenblick, weil ich felsenfest davon überzeugt bin, dass das Kind jetzt in Gott geborgen ist, was auch immer das konkret bedeutet.

Und das ist eigentlich für mich etwas Fantastisches an meinem Glauben, den ich haben darf. Das hilft einem dann eben auch. Es gibt ja diesen Sinnspruch:

> „Was wir in den Särgen bergen, ist der Erde Kleid,
> was wir lieben, ist geblieben und besteht in Ewigkeit."

Wenn man irgendwie mit diesem Ansatz daran gehen kann, dann muss ich zugeben, ist zwar der Tod etwas sehr Unangenehmes für alle, die irgendwie davon betroffen sind, aber er kann einen wenigstens nicht in eine solche Verzweiflung stürzen. Das kann ich jetzt nur für mich sagen, so habe ich das erlebt.

Und das ist bis zum heutigen Tag so. Natürlich kommt es auch nach bald 17 Jahren immer mal wieder hoch, und es gibt auch immer mal wieder Momente, in denen man sich vorstellt, wie schön das jetzt

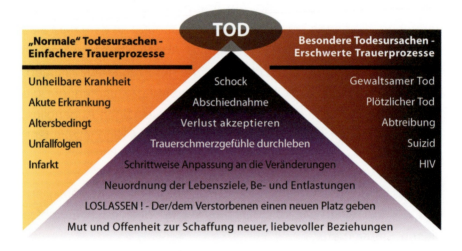

„Normale" Todesursachen - Einfachere Trauerprozesse	**TOD**	Besondere Todesursachen - Erschwerte Trauerprozesse
Unheilbare Krankheit	Schock	Gewaltsamer Tod
Akute Erkrankung	Abschiednahme	Plötzlicher Tod
Altersbedingt	Verlust akzeptieren	Abtreibung
Unfallfolgen	Trauerschmerzgefühle durchleben	Suizid
Infarkt	Schrittweise Anpassung an die Veränderungen	HIV
	Neuordnung der Lebensziele, Be- und Entlastungen	
	LOSLASSEN ! - Der/dem Verstorbenen einen neuen Platz geben	
	Mut und Offenheit zur Schaffung neuer, liebevoller Beziehungen	

Aktive Verarbeitung - Bewältigung

Trauerbewältigung - Abschied nehmen

wäre, wenn sie nicht gestorben wäre. Sie wäre jetzt 20 Jahre alt.

Wie wäre sie geworden? Sie war ein gescheites Kind. Gut, dieses Gefühl haben die Eltern sowieso immer. Ich weiss es nicht. Sie ist ja noch nicht in die Schule gegangen. Aber manchmal kommen solche Momente, in denen man einfach wieder ein bisschen traurig ist, und dann denkt man aber: Der Tag kommt, an dem ich sie wiedersehen darf!

Das ist jetzt wieder Glaubenssache. Das kann niemand beweisen. Aber für mich ist das ganz klar: Mit jedem Tag komme ich diesem Wiedersehen etwas näher. Und wenn ich mich auch zukunftsorientiert mit meiner Tochter beschäftige, ist das nicht zum Verzweifeln. Das Abschiednehmen ist bei uns eigentlich in diesen 9 Tagen geschehen, in denen sie auf der Intensivstation lag - als der Moment kam, an dem es zu Ende ging.

Der Arzt hat uns an einem Donnerstagabend um halb elf Uhr angerufen und gesagt: „Wir können für das Kind nichts mehr tun. Wir müssen jetzt die Medikamente langsam zurückfahren, und das Kind wird den Morgen nicht mehr erleben." Da waren weder meine Frau noch ich in der Lage, daneben zu stehen, während das Kind stirbt. Es war einfach nicht möglich. Aber ich bin heute noch meinen Eltern wirklich unendlich dankbar, dass sie dann um elf Uhr nachts ins Spital gefahren sind und dabei waren, als sie gestorben ist.

Und euch muss ich sagen: Ich habe geschlafen! Vielleicht komisch. Wenn ich abends heimgekommen bin, bin ich ins Bett gesunken. Ich hatte traumlose Nächte. Ich habe immer sehr gut geschlafen, meine Frau weniger. Man könnte sich da ja auch Vorwürfe machen und

Die Herbstsonne lässt auch aufleuchten, was verblüht und welk geworden ist.
Diese Sonne begleitet in den Tod und garantiert die Auferstehung zu neuem Leben -
im Frühjahr, dem Ostergeschehen.

sagen: „Wie kommt es eigentlich, dass du so gut schlafen kannst?"
Das habe ich nicht gemacht, sondern habe mir gesagt: „Es ist ja gut,
dass du wenigstens nicht auch noch den Bach runter gehst."

Armin Ellenberger:

Ich glaube, da kommt die seelische Erschöpfung dazu. Ich habe auf
meiner Seite ein Beispiel: Der Tod einer mir nahestehenden Glau-
bensschwester. Da hatte ich einen Prozess, der ging vielleicht drei,
vier Tage. Dann war ich aber, ich darf es hier sagen, vom Sterbeprozess und von der Trauer her weit, weit voraus. Aber es war sehr,
sehr intensiv.

Ich habe hier als Abschluss noch etwas, das ich einstreuen möchte, was jetzt eigentlich sehr gut passt: Das ist „die grosse Stille" vom
Kloster Karthäuser. Auf dieser CD sind zwei Sätze: „Erst in der Stille beginnt man zu hören." Und der zweite Satz: „Erst wenn die Sprache verstummt, beginnt man zu sehen."

Jürg Meier:

Ich habe auch noch etwas, das mir vorhin spontan in den Sinn gekommen ist. Es gibt diesen Spruch:

„Als du geboren wurdest, hast du geweint, und alle anderen haben
sich gefreut. Also lebe gefälligst so, dass, wenn du sterben musst,
du dich freust und alle anderen weinen".

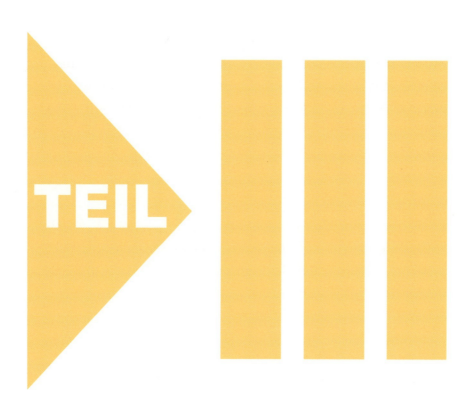

Zukunfts-
Perspektiven

Teilnehmer der Gesprächsrunden sowie Redaktionsmitglieder des Verlages anlässlich einer Redaktionsbesprechung am 20.10.2007.

Die Teilnehmer der 3. Gesprächsrunde

Am 12. Mai 2007 fand das dritte Treffen zum Thema „Das Danach"
statt. An dieser Gesprächsrunde nahmen folgende Personen teil:

Hans Anliker:　　　Anlageberater, verheiratet, zwei Kinder,

Peter Baumann:　　Kunsthandwerker, ledig,

Marc Breuninger:　Dr. med. prakt., Psychiater, ledig,

Harry Bruder:　　　Bankfachmann, verheiratet,

Ingrid Bruder:　　　Ehefrau von Harry Bruder,

Jürg Meier:　　　　Prof. Dr. phil., Biologe, ehrenamtlicher Seel-
　　　　　　　　　　sorger, verheiratet, vier Kinder (wovon eine
　　　　　　　　　　Tochter im 5. Lebensjahr tödlich verunglückte),

Christina Schmidlin: Bibliothekarin, verheiratet, zwei Kinder,

Frank Wolff:　　　　Diplom-Betriebswirt (ehrenamtlich Jugend-
　　　　　　　　　　beauftragter), verheiratet, zwei Kinder.

Matthias Wolff:　　Schüler, ledig.

Die Moderation des Gespräches wurde - wie auch bei den ersten
beiden Gesprächsrunden - von den Autoren *Armin Ellenberger*
(Seelsorger i.R., verheiratet, zwei Kinder) und *Friedrich Wolff* (Verleger, verheiratet, drei Kinder) geleitet.

Die Gesprächsrunde wurde wiederum elektronisch aufgezeichnet
und wird nachstehend möglichst originalgetreu wiedergegeben.

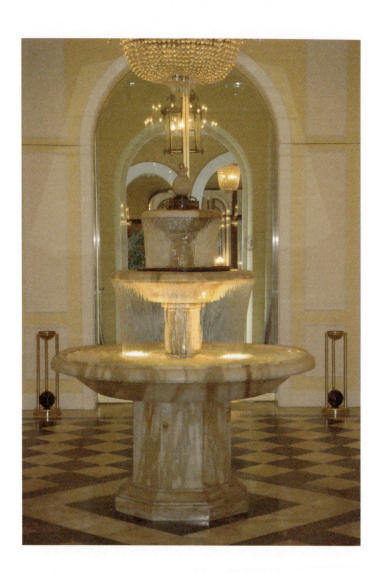

Die Bibel dient als zuverlässige Quelle.
Sie bietet neben den Nahtoderlebnissen die einzigen Informationen über die
Bereiche des Todes.

Armin Ellenberger:

Wir befassen uns jetzt ganz kurz mit der Thematik der dritten Gesprächsrunde, „Das Danach". Wir stützen uns auf zwei Quellen:
Einerseits auf die Bibel und andererseits auf Nahtoderfahrungen, die
uns ja durch entsprechende Literatur in genügender Weise übermittelt werden. Um diese Nahtoderfahrungen ein wenig besser kennen
zu lernen, steht uns ein entsprechendes Videoband zur Verfügung,
das Friedrich Wolff und ich im Vorfeld schon einmal angeschaut
haben. Dieses Video möchten wir uns jetzt ansehen.

Friedrich Wolff:

Was wir uns ansehen, ist nur ein kurzer Ausschnitt aus einem Bericht. Wir schauen jetzt nicht eine Stunde lang fern. Der Ausschnitt
stammt aus einer Sendung, die sich mit Nahtoderfahrungen befasst
hat, und innerhalb der ein spezieller Fall dargestellt wird. Die Frau,
um die es hier geht, war unter klinischer Kontrolle tot (6).

(6): Siehe Literaturverzeichnis im Anhang des Buches

1. Thema: Nahtoderfahrungen -Täuschung oder Wirklichkeit?

Nachstehend zunächst die Zusammenfassung des gezeigten Ausschnittes der Fernsehsendung über Nahtoderfahrungen.

In Atlanta im Staate Georgia, USA, erlebte eine Patientin die Reise ins Jenseits unter ärztlicher Kontrolle, angeschlossen an die medizinischen Apparate. Die Patientin - eine Sängerin, Liederschreiberin und vielbeschäftigte Mutter - wurde 1991 schwer krank.

Das Computertomogramm zeigte eine Gefässausweitung tief im Stammhirn, wohin man mit operativen Methoden kaum gelangen kann, ohne das Grosshirn zuvor aus dem Schädel herausgenommen zu haben. Zur Operation wurde deshalb die Körpertemperatur auf 10-15°C heruntergesenkt, Herz und Atmung stillgelegt und das Blut aus dem Gehirn entfernt. Die Patientin war eine Stunde lang klinisch tot. Das Gehirn war deaktiviert und seine Stoffwechselaktivität vollkommen gestoppt, sodass keinerlei messbare Tätigkeit der Nervenzellen mehr stattfand. Die Patientin erhielt eine Narkose, ihre Augen und Ohren wurden verschlossen. Sie konnte absolut nichts mehr wahrnehmen.

Obwohl die Patientin also klinisch tot war und keine messbaren Herz- Atmungs- und Gehirnfunktionen mehr hatte und auch die Wahrnehmungsorgane stillgelegt waren, konnte sie später genaue Details ihrer Operation beschreiben. Sie sah ihren Körper auf der OP-Bank liegen, umgeben von den Ärzten. Sie konnte die Instrumente beschreiben und erinnerte sich im Detail an die Gespräche der Ärzte und Schwestern. Sie beobachtete, wie das Blut aus ihren Venen abgesaugt wurde und dachte über den Sinn dieser Massnahme nach.

Nahtoderfahrung:
Wurde das Tor des Todes durchschritten, oder blieb es verschlossen?

Die behandelnden Ärzte, die von diesen Äusserungen der Patientin erfuhren, waren sicher, dass die Sinne nicht mehr funktionsfähig waren. Es musste sich um eine ausserkörperliche Wahrnehmung handeln. Diese Annahme wurde dann auch ergänzt durch den weitergehenden Bericht der Patientin, ein Licht gesehen zu haben, dass sie anzog. Sie ging auf das Licht zu, und je näher sie diesem kam, erkannte sie bestimmte Menschen.

„Ich sah meine Grossmutter und einen Onkel, der mir sehr nahe stand während seiner Lebenszeit. Ich fragte diese, ob das Licht Gott wäre, aber man sagte mir: Nein, es ist der Atem Gottes. Irgendwann wurde ich dann daran erinnert, dass es Zeit wäre zurückzukehren. Ich wollte nicht zurück, aber mein Onkel brachte mich dann zurück zu meinem Körper: „Spring doch hinein Liebling, du musst jetzt gehen". Er hat dann ein wenig nachgeholfen. Ich sah buchstäblich, wie ich in meinen Körper hineingestossen wurde."

Dies war eine klassische Nahtoderfahrung. Alle Lebenszeichen wurden klinisch kontrolliert und die Rückkehr in das körperliche Leben genau registriert. Ärzte standen vor einem Rätsel, aber waren nicht so überheblich zu sagen: Das gibt es nicht. Sie kamen zur Erkenntnis, dass es zwischen Geist und Körper einen Unterschied geben muss.

Armin Ellenberger:

Ich möchte zu dem, was wir jetzt in diesem Video gesehen haben, noch etwas ergänzend hinzufügen. Wir kennen ja die Bezeichnungen „Alpha"- und „Beta-Körper". Alpha ist der stoffliche Körper, Beta wären dann Seele und Geist. Und beim Eintritt des Todes löst sich

Marc Breuninger:
„Ich hatte ein bisschen Mühe beim Anschauen des Videos, weil nicht unterschieden wurde zwischen klinischem und biologischem Tod."

dieses sogenannte silberne Band. Vielleicht habt Ihr auch schon davon gehört. Wenn dieses Band gelöst ist, dann kann eine Seele nicht mehr in den Körper zurück. In der Bibel steht: „Ehe denn der silberne Strick wegkomme und die goldene Schale zerbreche und der Eimer zerfalle an der Quelle und das Rad zerbrochen werde am Born." Und weiter: „Denn der Staub muss wieder zu der Erde kommen, wie er gewesen ist, und der Geist wieder zu Gott, der ihn gegeben hat" (Prediger 12, 6-7).

Damit möchte ich die Diskussion eröffnen.

Marc Breuninger:

Ich hatte ein bisschen Mühe beim Anschauen des Videos, weil nicht unterschieden wurde zwischen klinischem Tod und biologischem Tod. Ich weiss nicht, ob das jetzt tatsächlich noch ein neurobiologisches Phänomen ist, was da passiert. Die Person ist ja biologisch eigentlich noch am Leben. Die neuronalen Funktionen sind sicher noch erhalten, auch wenn der klinische Tod unter kontrollierten Umständen da ist, sodass man sich das erklären könnte mit Phänomenen, die im Schläfenlappen ablaufen. Da sieht man auch solche Lichtphänomene. Da hat man auch Austrittserlebnisse. Das höre ich auch von Patienten in anderen Zuständen, die durchaus noch am Leben sind. Und deshalb habe ich da jetzt gerade ein bisschen Schwierigkeiten zu sagen: Diese Person ist tatsächlich gestorben. Die Seele ist aus dem Körper ausgetreten. Ist sie das? Oder sind da noch Hirnfunktionen, die am Arbeiten sind, die vielleicht auch noch Erinnerungen wachrufen? Wenn dieser Neurologe sagt, man könne es nicht erklären, dann habe ich damit Mühe, das so pauschal zu sehen.

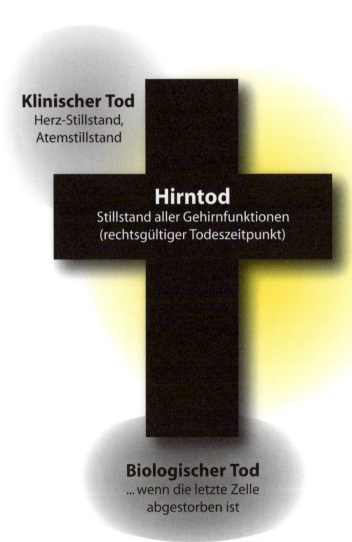

Die drei Stadien des Todes.

Friedrich Wolff:

Ich will einmal zu dem, was Marc Breuninger gesagt hat, Stellung nehmen. Es gibt in der Rechtsmedizin drei Arten von Tod. Die Rechtsmedizin unterscheidet sich möglicherweise von der Neurologie. Der erste ist der klinische Tod, definiert durch Herz- und Atemstillstand. Die nächste Stufe ist der Hirntod. Das ist der rechtswirksame Tod. Und dann gibt es noch einen dritten, den biologischen Tod. Er ist eingetreten, wenn die letzte Zelle aufgehört hat zu funktionieren. Das ist ungefähr 2 - 3 Tage nach Eintritt des Hirntodes. Vielleicht ist das die Antwort auf die Frage: Warum musste Jesus eigentlich drei Tage lang im Grab liegen? Er hätte doch am Kreuz sterben und dann gleich auferstehen können. Aber er ist drei Tage im Grab gelegen und hat dadurch den biologischen Tod vollzogen. Er war also restlos tot.

Marc Breuninger:

Es hat während meiner Assistenzarztzeit zu meinen täglichen Pflichten gehört, bei Patienten den Tod festzustellen. Wir hatten dort eine grosse Geriatrie zu betreuen, in der es beinahe täglich vorkam, dass jemand starb und man den Tod feststellen musste. Da gibt es ja ganz klar die sicheren Todeszeichen. Und das ist schon ein besonderes Erleben, vor einem Menschen zu stehen, der vorher noch gelebt hat und jetzt wirklich tot ist, und dann aber auch zu sehen, wie sich da sehr schnell die Veränderungen durch den Tod zeigen, wenn man die Leichenflecken sieht und die Todesstarre anfängt. Und dann muss man wirklich sagen: Der Mensch ist sicher tot.

Kommentar: Nahtoderfahrungen

Eigentlich ist der Streit über die Realität der Nahtoderfahrungen überflüssig: Ob Gehirnphänomene oder ausserkörperliche Erlebnisse - wichtig ist die übereinstimmende Erkenntnis, dass die Trennung vom Körper als angenehm empfunden wurde.

1. Thema: Nahtoderfahrungen - Täuschung oder Wirklichkeit?

Friedrich Wolff:

Jetzt ist aber die Frage trotzdem noch offen: Hat dieses Gehirn der Frau noch gearbeitet? Und normalerweise würde ich auch sagen: Wahrscheinlich schon noch. Aber sie konnte die Informationen nicht haben. Ob das Gehirn gearbeitet hat oder nicht, spielt in diesem Fall gar keine Rolle. Sie konnte nichts sehen. Sie konnte nichts hören. Sie war abgedeckt. Sie konnte die Instrumente nicht sehen. Sie konnte die Vorgänge sinnlich nicht wahrnehmen. Deshalb fanden die beiden Ärzte diesen Fall so faszinierend, weil er unter den Augen der Ärzte stattgefunden hat. Alles andere sind nur Berichte von Menschen, die Nahtoderfahrungen hatten. Man kann im Nachhinein ihre Situation nicht mehr dokumentieren. In diesem Fall aber geschah es unter kontrollierten Bedingungen.

Marc Breuninger:

Ich glaube, der erste dokumentierte Fall war um 1880 herum, als ein Arzt an Typhus starb, der unter Beobachtung seiner Kollegen auch Nahtoderfahrungen hatte, der dann wieder zurückkam und eine genau entsprechende Situation schilderte, auch mit dem hellen Licht und auch mit jemandem, der ihm entgegenkam. Das war, glaube ich, die erste Nahtoderfahrung, die so geschildert wurde.

Friedrich Wolff:

Da gibt es sehr viele Aufzeichnungen, ganze Bücherregale voll Literatur.

Kryo-Elektronenmikros-
kopische 3-D-Rekonstruktion
eines intakten Mikrotubulus
(Auflösung: ca. 0,8 nm)

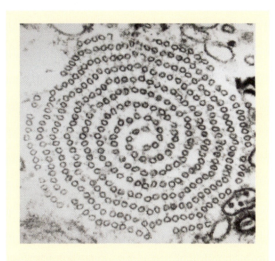

Sprialförmig angeordnete Mikrotubuli
65.000-fache Vergrösserung

....

*Mikrotubuli: Empfangsantennen der Gehirnzellen für den Geist des Menschen -
sozusagen als Schnittstelle zwischen Geist und Materie?*

Harry Bruder:

Ich bin ja ein relativ einfacher Typ. Ich mache mir nicht allzuviel Gedanken. Für mich ist das einfach eine Bestätigung, dass eine Seele, ein Geist, wie auch immer man das nennen will, da ist und unabhängig von unseren Körperfunktionen überlebt. Die Seele überlebt den biologischen Tod und löst sich irgendwann aus dem Körper.

Frank Wolff:

Was auch noch spannend ist: Man hat das Gefühl, die Seele fühlt nur, und die Seele spürt nur. Aber diese Person hier hat ja etwas gesehen, ohne dass die Augen zur Verfügung standen und hat etwas gehört, ohne dass die Ohren zur Verfügung standen. Also stehen der Seele offensichtlich trotzdem die Sinne zur Verfügung, ohne dass die dazugehörigen Organe zur Verfügung stehen. Nicht, dass ich mir das erklären könnte, aber das ist ein interessantes Phänomen in der ganzen Sache.

Friedrich Wolff:

Etwas später in dieser Sendung kommt dann die Stellungnahme eines Neurologen, der vermutet, dass die Mikrotubuli - das sind kleine Röhrchen in jeder Zelle - die Verbindung darstellen zwischen Körper - also Anatomie - und Geist/Seele. Er vermutet, dass diese Instrumente die Empfänger sind der - ich nenne das jetzt mal - Wellen oder Ausstrahlung der geistigen und seelischen Funktionen. Also, man spricht ja von seelischen, von psychischen Kräften einerseits,

Funktion der Mikrotubuli

Mikrotubuli erfüllen sehr wichtige Aufgaben in den Zellen. An den Mikrotubuli entlang werden Vesikel und Granulae durch die Zellen transportiert. Während der Zellteilung bilden sie den Spindelapparat aus, über welchen die Chromatiden zu den Polen der Zelle gezogen werden.

Eine besondere Bedeutung kommt auch den Zilien und Geisseln zu. Zilien erzeugen einen koordinierten Flimmerschlag in eine bestimmte Richtung und transportieren Material in einem Lumen. Geisseln bewegen eine einzelne Zelle fort (z.B. ein Spermium), indem sie hin und her schlagen. Abgewandelte, nicht mehr bewegliche Formen von Zilien (9x2 + 0) bilden spezialisierte Zellkompartimente, zum Beispiel das Aussensegment bei ziliären Photorezeptorzellen oder die Fortsätze bei Riechzellen.

Bedeutung in der Krebsbekämpfung

Eine starke Bedeutung kommt den Mikrotubuli bei der Bekämpfung von Krebs zu. Da sich der Spindelapparat ohne Mikrotubuli nicht entwickeln kann, können sich die Krebszellen auch nicht weiter mitotisch teilen. Das Geschwür wächst also nicht weiter und auch Metastasen bilden sich nicht mehr. So werden die Alkaloide Vinblastin und Taxol bei der Chemotherapie eingesetzt, um den Aufbau von Mikrotubuli zu stören.

Das Medikament wirkt aber nicht nur spezifisch auf Krebszellen, sondern es beeinflusst alle teilungsfähigen Zellen. Da aber Haut-, Haar-, Darm-, Immun- oder Geschlechtszellen ständig erneuert werden müssen, kann es zu erheblichen Nebenwirkungen wie Haarausfall, Darmbluten oder stärkerer Infektionsanfälligkeit kommen.

Mikrotubuli: Funktion und Bedeutung in der Krebsbekämpfung.

die nicht körperlich sind: Das Wollen, Glauben, Triebe, wobei die Triebe ein Grenzfall sind. Auf jeden Fall spricht man von geistig orientierten Kräften, psychischen Kräften, und man spricht von psychischen Funktionen. Und psychisch heisst ja eigentlich seelisch, zumindest seelisch-geistig. Das Denken ist etwas, das im Gehirn funktioniert, und ebenso ausserhalb des Gehirns funktioniert. Die Wahrnehmungen sind zum Teil an die Sinnesorgane gebunden, aber wir sehen auch geistig: Wir haben Visionen.

Geistig sehen wir zum Beispiel alles, was wir glauben. Das ergibt uns ein geistiges Bild, welches wir mit geistigen Augen - so heisst es ja auch in der Bibel - sehen oder wahrnehmen. Geistige Ohren. Sie hören und hören doch nicht, heisst es einmal in der Bibel: „Mit hörenden Ohren hören sie nichts". Das ist der Unterschied zwischen dem natürlichen Gehör und dem geistigen Ohr. Also, unser Sprachgebrauch berücksichtigt eigentlich schon den Unterschied zwischen dem Organischen und dem Geistig-Seelischen, wobei ich heute versucht bin, zwischen Geist und Seele ganz speziell zu unterscheiden. Also, bisher habe ich das „Geistige" und „Seelische" auch in einen Topf geworfen, aber heute bin ich der Auffassung, dass das auch noch einmal unterschiedliche Dinge sind.

Jürg Meier:

Ich würde gerne an dem, was Marc Breuninger gesagt hat, nochmals anknüpfen. Ich glaube, man fühlt immer ein Unbehagen bei all diesen Berichten, und wenn man die Bücher über Nahtoderfahrungen liest. Der Begriff „Nahtoderfahrungen" ist auch genau richtig: Nahe am Tod - das muss man ganz klar sehen - ist noch nicht tot. Man ist

Nahtoderfahrungen - Täuschung oder Wirklichkeit?
„*... das ist noch Nahtod und noch nicht ganz tot*" *(Jürg Meier).*

zwar nahe daran, aber es ist noch nicht ganz so weit. Da sehe ich nämlich auch eine grosse Gefahr. Wenn man die Berichte in all diesen Büchern von Moody, Kübler-Ross oder wie sie alle heissen, liest, dann kommt ja immer dasselbe: Es kommt da dieser Lichtschacht, oder wie immer man das nennen will. Und dann hat man ein Wohlgefühl. Es ist alles wunderbar. Da möchte ich einfach ein kleines Warnzeichen dahintersetzen.

Man muss aufpassen, dass man da nicht von falschen Voraussetzungen ausgeht. Das könnte für einen ja auch sehr tröstlich sein: Wenn ich dann sterbe, gehe ich durch einen hellen Tunnel. Und das ist dann alles schön. Da sind dann alle, die ich kenne. Ich meine, da müssen wir aufpassen, denn der christliche Glaube, Jesus Christus, sagt gerade, dass es eben nicht so ist. Das ist nur so unter gewissen Bedingungen, nämlich dann, wenn wir Jesus als den Erlöser angenommen haben und den von ihm gelegten Weg gegangen sind, wie er es von uns erwartet hat.

Ich stelle immer wieder fest, wenn ich mit Leuten rede, die solche Bücher gelesen haben, dass einen diese Berichte in eine ganz falsche Sicherheit bringen können: Egal, was geschieht, am Schluss ist es so: Der liebe Gott hat für alle dann dieses schöne Licht, und das sehen wir dann. Dabei habe ich ein kleines Unbehagen, denn das ist noch Nahtod und noch nicht ganz tot. Jesus Christus ist eigentlich der Einzige, der nun wirklich nach drei Tagen, in denen er ganz tot war, wieder auferstanden ist. Das ist ja auch für viele Leute heute ein Problem, dass sie schlichtweg nicht glauben können, dass Jesus drei Tage lang wirklich tot war.

Kommentar: Glauben

Glauben wird üblicherweise definiert als ein „Fürwahrhalten dessen, was man nicht sieht". Deshalb findet man alle Grade von Glauben, weil man die Dinge mehr oder weniger für wahr hält. Beginnend mit vagen Annahmen, bis hin zur festen Glaubensüberzeugung, ja Glaubensgewissheit („Wir wissen, was wir glauben").

Glauben muss man ja im täglichen Leben unendlich viel: Die Nachrichten des Tages, die Diagnose des Arztes, die Berichte aus Forschung und Wissenschaft und schliesslich die Wettervorhersage. Bei Weitem nicht immer bestätigen sich die Glaubensinhalte, deshalb ist durchaus Vorsicht geboten, indem man alles, was man glaubt, kritisch hinterfragt oder gar in Zweifel zieht. Das Leben wäre aber eine Hölle, würde man an allem zweifeln und keinen Glauben mehr aufbringen. Glauben gehört zum Leben und ist eine Kraft, die aufrecht hält und vorwärts bringt.

Für den gläubigen Christen ist der Glaube an ein Weiterleben eine Glaubensgewissheit, ja sogar Grundlage des Glaubens. Ohne das ewige Leben des menschlichen Individuums würde alles keinen Sinn machen: Die Schöpfung, die Schaffung des Menschen, die seelisch-geistige Evolution, die Menschwerdung Jesu und seine Auferstehung und schliesslich die neue Schöpfung, das neue Universum.

....

1. Thema: Nahtoderfahrung - Täuschung oder Wirklichkeit?

Friedrich Wolff:

Vielleicht noch eine Anmerkung zu dem, was Jürg Meier jetzt gesagt hat und zu dem, was ich vorhin erklären wollte. Nahtod ist nicht ganz tot, aber das Sterben scheint nicht so unangenehm zu sein. Das beweisen diese Berichte. Also, einmal davon abgesehen, ob das jetzt so einhundertprozentig real ist in unserem Sinn, dass dort ein Tunnel mit einem Licht und die ganze Fülle göttlicher Wärme und Liebe ist, zumindest wird es so empfunden. Das Sterben, der Gang, der Schritt vom Diesseits ins „Totsein" scheint nicht so grausam zu sein, zumindest in den Fällen nicht, wo dieser Schritt schon einmal so halb gemacht worden ist.

Harry Bruder:

Ich möchte noch einen Punkt aufgreifen. Jürg Meier hat sinngemäss gesagt, dass das mit dem hellen Licht nur für die sein kann, die an Jesu geglaubt haben und für die anderen nicht. Das kann ich nicht ganz nachvollziehen. Ich denke doch, dass das Sterben für alle gleich abläuft. Was danach kommt, das wird dann vermutlich unterschiedlich sein. Aber diese Nahtoderfahrungen sind ja auch von Leuten gemacht worden, die vielleicht nicht an Gott geglaubt haben oder keine Christen waren. Und die haben ja alle die gleichen Erfahrungen gemacht. Also denke ich, dass da kein Unterschied besteht. Der Unterschied wird sich nachher ergeben.

Jürg Meier:

Damit bin ich völlig einverstanden. Ich wollte nur sagen, für viele

Die Wellen des Meeres brechen an den schroffen Klippen der Felsen.

Ihre Wellenstruktur endet abrupt, doch ihre Substanz - das Wasser - bleibt dem Meer erhalten.

Ganz ähnlich endet das Leben vieler Menschen. Die „schroffen" Bollwerke des irdischen Lebens haben ihre körperliche Struktur zerfetzt - zum Beispiel durch Unfälle, Kriege, Verbrechen oder Suizid. Erhalten bleibt die Substanz, das seelisch-geistige Wesen.

Menschen könnte das einen Trugschluss bedeuten, dass wir uns hier zu Lebzeiten nicht speziell anstrengen müssen, weil es ja dann sowieso so kommt. Aber, ich glaube auch, dass der Akt des Sterbens nichts mit Konfession oder Religionszugehörigkeit zu tun hat.

Friedrich Wolff:

Da kommt das Danach. Das Sterben, der Tod, und dann kommt das Danach. Und dann tritt ein, was die Seele mitbringt an Zustandsmerkmalen. Also, der Sterbevorgang dürfte wohl immer - physiologisch bedingt natürlich - ähnlich sein. Ein Unfall, ein Krebstod, oder was auch immer, ist pathologisch gesehen natürlich unterschiedlich. Aber das Danach? Was passiert danach? Das sollten wir einmal diskutieren. Da haben wir keine Erfahrungen, keine Berichte. Niemand ist zurückgekommen und hat gesagt: „Ich kam dann in einen Bereich, und dort war ich mit Leuten zusammen, die meiner Gesinnung entsprachen, und jetzt bin ich schnell wieder zurückgekommen. Das hat mir gar nicht gefallen!" So einen Fall gibt es nicht. Also können wir da eigentlich nur noch auf die Angaben der Bibel fussen.

2. Thema: Das „Danach" oder ein „Wie weiter"?

Peter Baumann:

Es gibt in der Bibel noch jemanden, der ganz tot war. Das war Lazarus. Der hat schon gestunken. Also, nicht nur Jesus Christus alleine war ganz tot. Allerdings steht leider keine Aussage von Lazarus in der Bibel. Und das „Danach" ist eigentlich kein Danach, sondern ein „Weiter". Im Hebräerbrief 11, Vers 1, steht etwas Interessantes: „Es ist aber der Glaube eine feste Zuversicht auf das, was man hofft, und ein Nichtzweifeln an dem, was man nicht sieht." Und im 3. Vers steht dann weiter: „Durch den Glauben erkennen wir, dass die Welt durch Gottes Wort geschaffen ist, so dass alles, was man sieht, aus nichts geworden ist." Wir sind also somit auch aus nichts entstanden. Und das Nichts ist dann eigentlich das Göttliche. Wir kehren dahin zurück oder sind es wieder. Im Universum, Mikrokosmos, Makrokosmos, Atome, Neutrinos sind immer Zwischenräume irgendwo und irgendwie. Die Materie als solche besteht mehr aus Nichts, als die Materie eigentlich ist.

Armin Ellenberger:

In der Bibel heisst es unter anderem: „Ohne Glauben können wir Gott nicht schauen." Was die Welt des Geistes oder die Ewigkeit betrifft, da müssen wir unseren Glauben einsetzen. Ich vergleiche das jetzt einmal mit einer Stufenleiter. Wenn wir gestorben sind und in das Reich des Geistes hinüberkommen, werden wir noch die Möglichkeit haben, uns gewisse Dinge im Glauben anzueignen. Denn: „Wie der Baum fällt, so bleibt er liegen". So werden wir in der Ewigkeit

Stufen zu höheren Geistesebenen:

Wie auf einer Stufenleiter kann man immer höher steigen ...

ankommen. Aber dann, in der Ewigkeit selbst, werden wir noch die Möglichkeit haben, wie auf einer Stufenleiter immer höher zu steigen in eine Geistesebene, in der wir Erlebnisse erfahren dürfen, über die wir vermutlich dann nur noch staunen werden. Das sind Dinge, für die wir den Glauben einsetzen müssen, um sie zu verstehen.

Marc Breuninger:

Das ist auch das, was ich am Anfang sagen wollte anhand dieses Videos, das mir so Mühe gemacht hat. Man hat so das Gefühl, dass man einen Beweis braucht, dass es so ist. Und ich frage mich, warum braucht es den Beweis? Weil er eine gewisse Zuversicht bringen würde, dass es so ist. Es wäre schön, man könnte das alles vorher schon beweisen, dann müsste man es nicht mehr glauben. Aber, ob das der Sinn wäre? Aber das ist das, was mir dann so Mühe macht. Vielleicht sind das auch wirklich noch Vorgänge, die mit dem tatsächlichen physiologischen Sterben zu tun haben, dass man Licht sieht, dass man Wärme wahrnimmt und so weiter. Das wollte ich eigentlich am Anfang sagen: Dass ich den Beweis so nicht will.

Ingrid Bruder:

In diesem Fall war die Frau ja unter Narkose. Und ich habe das selbst erfahren, dass ich, als ich nach einer Narkose halb am Aufwachen war, ein unheimlich gutes Gefühl hatte und dachte, wenn ich jetzt sterben würde, wäre das ein schöner Tod. Das hat vielleicht auch damit zu tun, dass man sich Gedanken macht, bevor man sich für einen medizinischen Eingriff unter Narkose entscheidet. Man ist beeinflusst. Ich habe mehr das Gefühl, dass die Frau das mit dem

Ingrid Bruder:
„Ich glaube auch, dass das durch die Narkosemittel hervorgerufen wurde."

Licht und all dem erlebt hat, als sie im Aufwachstadium war.

Marc Breuninger:

Einen ganz kurzen Satz dazu: Man weiss ja, dass die Narkosemittel genau solche Phänomene bewirken können. Die kann man auch tatsächlich so hervorrufen.

Ingrid Bruder:

Ich glaube auch, dass das durch die Narkosemittel hervorgerufen wurde. Aber es kommt auch darauf an, wie man denkt, wie man sich fühlt und ob man an so etwas glaubt. Das beeinflusst. Das ist meine persönliche Meinung dazu, ob man das glauben soll oder nicht.

THEMA

3. Thema: Wissenschaft und Glaubensgewissheit

Frank Wolff:

Frage an euch, Jürg Meier und Marc Breuninger, die ihr ja beide Seiten kennt, einerseits die Glaubensseite, andererseits die wissenschaftliche Seite: Wie erklärt ihr euch so ein Phänomen, das ja jetzt eigentlich aus zwei Teilen besteht: Zum einen aus dem, was man sehr gut auch mit einer rein biologischen Reaktion in irgendeiner Form erklären könnte, mit Glücksgefühlen, einer Ausschüttung von Glückshormonen, oder ich weiss nicht was, einer Reflexion vom Gehirn, und zum anderen aus dem Teil, bei dem nachweislich Informationen vorhanden sind, die nicht da wären, wenn nicht tatsächlich da etwas passiert wäre, die Person oder irgend etwas von der Person tatsächlich aus dem Körper herausgegangen wäre und da etwas wahrgenommen hätte? Du, Jürg, hast vorhin gesagt, Du betrachtest das ganz klar nicht als den Atem Gottes oder würdest das nicht unbedingt als das sehen. Es würde mich einfach interessieren: Was ist deine Meinung zu diesem Phänomen?

Jürg Meier:

Wir kommen hier eigentlich in eine ganz grosse Grundproblematik hinein. Jetzt nicht nur, was Wissenschaft und Glaube angeht, sondern noch etwas weitergehend. Ich will es einmal an einem Beispiel aus der Wissenschaft zeigen.

Wir sprechen oft von Dualitäten. Es gibt zum Beispiel die Dualität beim Elektron. Man kann das Elektron als energetische Welle oder

Kommentar: Glaubensgewissheit

Wissenschaftliche Erkenntnisse gelten so lange, bis neue Erkenntnisse sie widerlegen oder ergänzen. So war das „Bohr'sche" Atommodell eine feste Säule im Wissenschaftsgebäude der Physik. Heute, im Zeitalter der Quantenphysik und der String-Theorien, denkt man viel weiter. Ähnlich ist es in der Biologie. Galt die Genetik bislang als alleinbestimmende Information der Lebensvorgänge, so weiss man heute, dass die Umwelt durch die epigenetischen Substanzen mindestens ebenso starke Einflüsse haben. Ein ernsthafter Wissenschaftler weiss, dass sein Wissen und seine Erkenntnisse über die wissenschaftliche Evolution jederzeit eingeholt und überholt werden können.

Glaubensgewissheiten hingegen gründen sich auf Glaubens- und Lebenserfahrungen: Man hat geglaubt und es hat sich bewahrheitet. Als Kind glaubte man den Worten von Mutter und Vater. Ohne die daraus entstandene Glaubensgewissheit wäre ein Kind nicht lebensfähig geworden. So sind viele Dinge im täglichen Leben vom Glauben zur Glaubensgewissheit geworden, bilden einen sicheren Rahmen unserer Lebensbedingungen. Die Erfahrung hat gelehrt, sodass der Glaube zur Gewissheit wurde. In diesem Sinne hat sich auch der Glaube an ein Weiterleben zu einer Gewissheit entwickelt.

Glaubensgewissheiten darf man aber nicht verwechseln mit Fanatismus. Glaubensgewissheit entsteht aus erlebtem Glauben und Glaubenserfahrung, während Fanatismus durch übernommene, mitunter eingepeitschte Glaubensinhalte gekennzeichnet ist.

....

3. Thema: Wissenschaft und Glaubensgewissheit

als Elementarteilchen sehen. Und da sind wir bereits an einem Punkt, den uns das Vorstellungsvermögen unseres Gehirns nicht mehr bis ins Detail aufschliessen kann. Ein zweites Beispiel ist, dass wir uns in der Wissenschaft per Definition auf das Materielle beschränken. Das heisst, ich kann als Wissenschaftler über einen Menschen nur solange Auskunft geben, wie dieser lebt. Sobald keine Lebensfunktionen mehr vorhanden sind, bin ich von der Definition her nicht mehr fachkompetent, dazu noch Auskunft zu geben. Das müssen wir einfach sehen.

Und da gibt es viele Bereiche, auch in der Wissenschaft, bei denen wir an Grenzen stossen und man letztlich zu Glaubensüberzeugungen kommt. Das ist selbst bei sehr nüchternen wissenschaftlichen Phänomenen so. Der eine glaubt, es ist so. Der andere sagt: „Das muss anders sein, das glaube ich einfach nicht." Also, wir dürfen nicht vergessen, dass auch im Bereich der Wissenschaft sehr vieles mit Glauben zu tun hat.

Es gibt Wissenschaflter, die die Evolution völlig ablehnen, weil sie etwas anderes glauben. Als Wissenschaftler bin ich hier eigentlich keinen Schritt weiter als alle die, die nicht Wissenschaftler sind. Ich kann höchstens, wenn ich in der Zeitung irgend so einen Spruch lese wie: „Nun ist dieses oder jenes entschlüsselt", mit meinem Hintergrundwissen sagen: Das kann man leicht so schreiben, aber so einfach ist das nicht. Die Dinge sind viel, viel komplexer! Das ist der erste Punkt. Und der zweite ist: Alles, was über das Materielle dann hinausgeht, erschliesst sich nur dem Glauben. Darum wird es ja auch so schwierig.

Ich kann einem, der das völlig anders sieht, meinen Glauben nicht

Kommentar: Materie und Geist

„Alles was über das Materielle hinausgeht, erschliesst sich nur dem Glauben".

Diese soeben gefallene Aussage von Jürg Meier trifft sicherlich den Kern der Problematik und der Missverständnisse.

„Der natürliche Mensch aber vernimmt nichts vom Geist Gottes, es ist ihm eine Torheit, und er kann es nicht erkennen, denn es muss geistlich beurteilt werden" (Korinther 2, 14).

In der Tat kann der materielle Mensch mit all seinen Abermillionen Zellen nichts von der geistigen Welt wahrnehmen. Da aber der Mensch durch die Bewegung nicht – wie eine Pflanze – auf ein materielles Leben und damit auf die vegetative Stufe beschränkt ist, sondern über ein abstraktes Denkvermögen verfügt, gilt er als geistiges Wesen. Er kann denken und damit kosmische Vorgänge erfassen. Mit seinen mathematischen Fähigkeiten versteht er die Sprache der Natur, mit seiner Fantasie plant und realisiert er fantastische Bauwerke. Und mit seinen geistigen Gaben schafft er hinreissende Musik, als Komponist oder auch als Interpret.

Dieser hohe menschliche Geist sollte auch in der Lage sein, den Geist Gottes und dessen Wirksamkeit zu erfassen. Er sollte überhaupt die geistige Welt verstehen, schliesslich ist er ja ein Teil dieser geistigen Welt. Aber da ist wohl Sackgasse angezeigt.

Plötzlich versteht der Neurologe nur noch Nervenzellen und Gehirn und der Pathologe nur noch Herzstillstand, Ausfall der Gehirnfunktionen, endgültiger Tod. Alles aus! Vergessen ist das gesamte Reich des Geistes.

Schade eigentlich.

---

3. Thema: Wissenschaft und Glaubensgewissheit

einfach aufzwingen. Das ist so etwas Persönliches. In der Bibel steht auch irgendwo: „Glauben ist Gnade". Da kann man eigentlich höchstens demütig dankbar sein, wenn man das Gefühl hat, so wie ich das sehe, so hilft mir das. Und, wenn der andere es anders sieht, und ihm das auch hilft, dann ist das umso besser, dann freut mich das für ihn. Beim Glauben ist die Demut ganz stark gefordert. Ich weiss, das ist sicher für Dich keine befriedigende Antwort. Ich wollte Dir einfach die Problematik aufzeigen.

Frank Wolff:

Das war jetzt eine sehr allgemeine Antwort. Da stimme ich einhundert Prozent zu. Wenn man in Glaubensbereiche kommt, dann sieht das jeder anders. Die Frage war aber jetzt ganz speziell an dich gerichtet: Wie siehst du das? Was glaubst Du in diesem Punkt? Wie, glaubst du, erklärt sich das Phänomen mit dem Licht und dem Wohlgefühl, von dem alle immer berichten? Wie du auch schon gesagt hast, gibt es Gläubige, die glauben, darauf eine gewisse Glaubenssicherheit bauen zu können. Und mich würde jetzt einfach interessieren: Wie siehst du persönlich das Phänomen?

Jürg Meier:

Also, auf den Punkt gebracht: Ich würde mich freuen, wenn es dann einmal so wäre. Ich wage einfach dazu noch den Satz zu sagen: Aufgepasst, wir dürfen uns nicht darauf versteifen, dass es nachher für alle so positiv weitergeht.

Weltreligionen

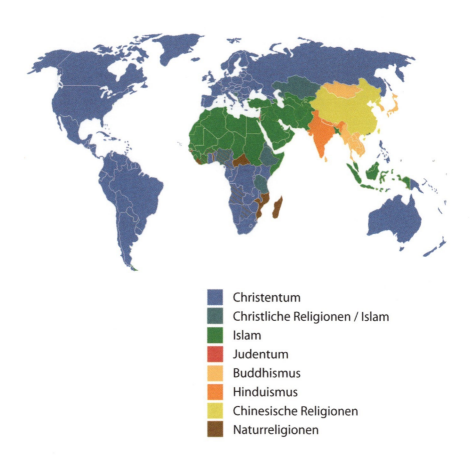

- ■ Christentum
- ■ Christliche Religionen / Islam
- ■ Islam
- ■ Judentum
- ■ Buddhismus
- ■ Hinduismus
- ■ Chinesische Religionen
- ■ Naturreligionen

Weltreligionen - die vorherrschenden Religionen in den einzelnen Ländern.
In einigen afrikanischen Ländern sind der islamische bzw. christliche Glaube sehr
stark vermischt mit Elementen aus den früheren Naturreligionen (braun gestrichelt).
Länder, in welchen das Christentum und der Islam nahezu gleich starke
Verbreitung gefunden haben, sind türkisfarben gekennzeichnet.
(aus STERBEN ERLEBEN - Band II, Verlag Cosmosophia, 2007)

Marc Breuninger:

Es wird in sämtlichen Kulturen dieser Zustand übrigens genau gleich beschrieben. Man weiss es von Agnostikern, man weiss es von Buddhisten, von Hinduisten, also von Angehörigen verschiedener Weltanschaungen, die das so beschreiben. Also, das ist völlig unabhängig offenbar, was da gefühlt wird, was erlebt wird. Und es wird wirklich von allen genau gleich beschrieben. Und das ist ja im ersten Moment der Vorgang des Sterbens. Und was da passiert, kann ich nicht sagen. Tritt da die Seele aus oder stirbt da einfach - ganz banal gesagt - das Hirn gerade und löst solche Phänomene aus? Aber das Wichtige wäre ja: Was ist danach? Und da sind wir uns alle einig: Das wissen wir nicht. Da fängt der Glaube an.

Hans Anliker:

Ich habe bis jetzt noch nichts gesagt, weil das Spezialistengespräche waren. Aber ich habe gemerkt, dass man vorhin einen Anlauf genommen hat, über das Danach zu reden und dann plötzlich wieder auf die Realität zurückgekommen ist. Wir haben vermutlich Angst, über das Danach zu reden - auch in diesem Kreis. Marc, du hast vorhin die vielen verschiedenen Kulturen angesprochen. Ich vermute, jeder von uns denkt anders über das Danach. Allerdings denken wir vermutlich aufgrund unseres Glaubens gleich oder ähnlich. Es wäre interessant zu recherchieren, wie diese Gedanken zustande kommen. Vielleicht sieht ein anderer einen dunklen Kanal. Ich weiss es nicht. Vielleicht hat es das auch schon einmal gegeben. Aber, wie sieht jeder das Danach? Ich glaube, wir tun uns schwer, über etwas zu reden, von dem überhaupt niemand etwas weiss. Das habe ich

Der Grabesruhe des irdischen Todes steht das Opfer Jesu am Kreuz gegenüber:
Die Neuschöpfung in der Auferstehung des Gottessohnes.

jetzt einfach hier festgestellt. Das war eine Kurve. Friedrich Wolff wollte uns herausführen in das Danach hinein. Und wo waren wir dann wieder? Bei diesem Film.

Armin Ellenberger:

Ich möchte dazu etwas sagen. Wenn wir die Bibel zu Rate ziehen, dann lesen wir von Paulus Folgendes: Es waren Hunderte von Menschen, die bezeugen konnten, dass sie Jesus im Auferstehungsleib nicht nur gesehen haben, sondern auch erleben durften, wie er sich ihnen gezeigt hat. Es geht sogar noch weiter: Er hat mit ihnen gegessen! Das sind also alles Dinge, wo wir den Glauben einsetzen. Aber jetzt kommt das Wort „Danach". Und für mich persönlich - das ist eine Glaubenssache für uns alle - ist es so, dass, wenn dieses Licht durchschritten ist und wir in diese Bewusstseinsebene hineinkommen, wir dann einfach das auch erleben dürfen: Dinge, die danach sind. Und im Prinzip wird das Leben, das Glaubensleben als solches, weitergehen. Sonst müssten wir das ja in Frage stellen, wenn wir für die Toten beten und für sie ganz speziell einstehen. Das ist ja auch ein Danach. Wir glauben ja daran, dass diese Seelen die Möglichkeit haben, am heiligen Abendmahl teilzunehmen. Das sind alles Dinge, die danach geschehen. Das ist jetzt meine Überzeugung.

Marc Breuninger:

Ich habe mich auf den Film bezogen, weil es darum ging, was da eigentlich passiert. Aber genau damit habe ich Mühe, denn eigentlich würde uns ja interessieren: Was ist danach? Und ich glaube nicht, dass das mit dem Austritt der Seele zu tun hat, dass man da jetzt

Ergänzende Informationen: Auferstehung Jesu Christi

Das Weiterleben nach dem Tode des Körpers ist zumindest im Falle Jesu Christi historisch nachgewiesen: Er wurde drei Tage nach seinem klinischen bzw. nach seinem biologischen Tod von mehr als fünfhundert Personen gesehen und erlebt. Davon berichten nicht nur die Bibel, sondern auch verschiedene Historiker und zeitgenössische Dokumentationen.

Die Auferstehung Jesu Christi vom Tod ist aber nicht nur ein historisches, sondern auch ein kosmisches Ereignis. Sein Auferstehungskörper war von einer anderen Materie. Mitten in der alten Welt hatte sich etwas Neues gebildet. Auch waren die Merkmale, Eigenschaften und Funktionen des neuen Körpers nicht mehr vergleichbar mit dem alten. Deshalb kann man mit Sicherheit nicht von einem Weiterleben oder Wiedererstehen des körperlichen Menschen sprechen. Vielmehr handelt es sich um eine neue Schöpfung.

Andererseits dürfte es wohl unstrittig sein, dass Geist und Seele des neuen Jesu identisch waren mit dem des Getöteten. Alles andere wäre unter dem Aspekt des christlichen Glaubens undenkbar, wonach Jesus Christus der Sohn Gottes war, ist, und sein wird und sich natürlich nicht ändert mit dem biologischen Tod des von ihm verwendeten menschlichen Körpers.

Kommentar: Weiterleben

Der Paradefall Jesu Christi führt also zu dem logischen Schluss, dass Seele und Geist weiterleben, der Körper mit Sicherheit nicht. Auch ist die Wiederkehr der Seele in einem anderen materiellen Kleid (zum Beispiel in einem anderen Menschenkörper, Pflanze oder Tier) nicht denkbar. Dies wäre wohl nur - wie im Fall Jesu Christi - unter Verwendung einer neuen Stofflichkeit möglich.

···

3. Thema: Wissenschaft und Glaubensgewissheit

Licht sieht und Wärme spürt. Es mag sein, aber geht es nicht vielmehr darum: Was ist danach? Und dafür haben wir keine Beweise.

Friedrich Wolff:

Ich habe einen Lösungsvorschlag. Wir haben schon gehört, es geht nicht nur um das „Danach", sondern um das „Wie weiter". Mitunter macht uns die Frage ja Mühe: Was ist danach? Was ist nach dem Ereignis des Todes? Deshalb: Wie geht es weiter? Wie stellen wir uns das vor? Wäre es eine Möglichkeit, dass jeder in zwei, drei Minuten seine Vorstellung dazu sagt: Wie geht es weiter? Würdet ihr da mitmachen?

Harry Bruder:

Es ist wirklich eine schwierige Angelegenheit, über etwas zu sprechen, von dem man eigentlich keine Ahnung hat, das man eben nur glauben kann. Jetzt einfach so auf die Schnelle etwas dazu zu sagen, fällt mir unheimlich schwer. Man muss sich ja nur einmal vorstellen, ohne Körper zu sein. Das bereitet schon grosse Mühe. Ich hätte keine Hände mehr, um etwas zu greifen. Vielleicht könnte ich den Körper wieder materialisieren ... Ich muss ehrlich sagen, ich höre gerne, was alle anderen dazu sagen. Etwas Sinnvolles kann ich jetzt nicht dazu beitragen.

Ingrid Bruder:

Mir fällt es genauso schwer. Ich denke, wenn man bereit ist, in die andere Welt zu gehen, hilft das bestimmt viel. Was das Danach ist,

Peter Baumann:

„Ich sehe mich als geistiges Wesen, das jetzt in einem Körper ist. Und so wird es weitergehen: Es wird nur noch das bleiben, was wirklich frei ist von Materie."

kann ich auch nicht sagen. Wenn ich bereit bin und glaube, dass sich das erfüllt, was wir gelehrt bekommen haben, dann gehe ich auch in einer ganz anderen Einstellung hinüber, als wenn ich mich an das Leben klammere, an das, was hier ist. Man sieht toten Menschen an, ob sie gerne gegangen sind oder ob sie nicht loslassen konnten. Das ist das, was ich dazu sagen kann.

Friedrich Wolff:

Interessant ist, dass Ihr beide gesagt habt: „Mir fällt es schwer, etwas zu sagen". Es besteht keine klare Vorstellung, sondern nur ein Gefühl, dass es weitergeht. Aber, wie es weitergeht, darüber kann man nichts Vernünftiges sagen.

Harry Bruder:

Noch eine Anmerkung: Man spricht auch vom „goldenen Jerusalem". Diese Vorstellung fällt mir eben schwer, weil das materiell ist, und das geistige Weiterleben ist ja eigentlich nicht materiell.

Peter Baumann:

Das „Weiter" weiss ich auch nicht. Aber vorhin haben wir von einem Alpha-Leben und einem Beta-Leben gehört. Ich denke, das ist grundsätzlich - jedenfalls für mich - falsch gedacht. Ich sehe mein Alpha-Leben auf geistiger Ebene. Ich sehe mich als geistiges Wesen, das jetzt in einem Körper ist. Und so wird es weitergehen: Es wird nur noch das bleiben, was wirklich frei ist von Materie. Und das sind dann eher Gefühle und die Liebe. Wir werden aufgefordert von Jesus

Kommentar: Reise ins Jenseits

Wenn keine kurative Therapie mehr greift und auch die palliativen Massnahmen erschöpft sind, kann man verstehen, dass ein Patient sich von seinem Körper trennen will und sich eine Fortsetzung der Reise ohne diesen ersehnt – ins Jenseits, die Totenbereiche der geistigen Welt.

Er reist ab in der Hoffnung auf seine eigene Auferstehung in die neue Schöpfung hinein.

3. Thema: Wissenschaft und Glaubensgewissheit

Christus, in diesem Leben zu lieben. Und Liebe als solche *(selbstlose Liebe, Red.)* gibt es in der Natur eigentlich nicht, wohl aber Selbstaufgabe *(Altruismus, Red.)*. Und ich denke, das wird weiterleben.

4.
THEMA

4. Thema: Ein Fenster offen gen Jenseits

Frank Wolff:

Ich halte mich auch mangels Wissen ganz klar an das, was die Bibel sagt. Das, was die Bibel sagt, ist das Einzige, das Halt gibt und dann auch logischerweise mit der Lebensüberzeugung übereinstimmt. Ich glaube ganz klar, dass die Seele in irgendeiner Form weiterlebt, in einer nichtstofflichen Form. Deshalb finde ich das Phänomen spannend, dass die Seele - oder irgendetwas - beim Austritt nachweislich stoffliche Wahrnehmung hat, oder sagen wir einmal, mindestens in Form von irgendeiner Resonanz Informationen aus der materiellen Welt in eine mehr geistige Welt transferiert werden. Das finde ich spannend. Das muss irgendwie ein Ablösungsprozess sein, der sich vielleicht mit Resonanz von Feldern erklären lässt.

Dann glaube ich auch weiterhin, dass - wie es in der Bibel heisst - der Baum so liegt, wie er fällt. Ich glaube also ganz klar, dass der Seelenzustand zunächst einmal so festgeschrieben ist, dass man auch im Jenseits - und das ist eine Frage, die schon oft diskutiert wurde - vermutlich sündigen kann, und dass man im Jenseits auch Erlösung und Gnade empfangen, also den lieben Gott auch erleben kann.

Was das „Weiter" angeht, da glaube ich einfach auch an das, was die Bibel beschreibt. Aber da wird es dann natürlich sehr schwer greifbar. Aber ich glaube, dass es einen Plan gibt, wie es weitergeht, dass das nicht ein endloses Nirvana ist, wo sich die Seelen tummeln, sondern dass es ein klares Ziel gibt, dass es mindestens irgendwann einmal eine zeitliche Schwelle gibt und danach vielleicht einen Über-

„Wie der Baum fällt, so bleibt er liegen" -
es sei denn, eine äussere Kraft bewegt ihn.

Und so bleibt wohl der seelisch-geistige Zustand nach dem Abscheiden des Körpers
bestehen - es sei denn, eine äussere Kraft bewegt das Wesen.

tritt in eine absolute Zeitlosigkeit, in die Ewigkeit.

Friedrich Wolff:

Ich schliesse mich dem an. Ich gehe von der Bibel aus, also nicht von den Nahtoderfahrungen. Diese sind für mich eigentlich Erfahrungsberichte des Sterbens und nicht des Totseins. Meine Informationsquelle ist die Bibel, die ich nicht nur als christliches Lehrbuch, sondern auch als Gebrauchsanweisung für den Menschen und als kosmologisches Lehrbuch betrachte. Und ganz speziell das vorbildliche Beispiel des Todes und der Auferstehung Jesu Christi ist für mich eigentlich die Informationsquelle.

Da haben wir drei Stationen: Das Sterben und der Tod des Körpers inklusive der drei Tage, über die vorhin gesprochen wurde. Dann kommt der Gang durch die Totenreiche, „unterste Örter" und so weiter. Jesus hat also als Toter die Totenreiche besucht. Das ist die nächste Station, die - so stelle ich mir das vor - jedem Menschen zugeordnet ist. Und dann kommt die dritte Station: Die Auferstehung in der neuen Schöpfung. Jesus hat ja den neuen Körper, die neue Materie schon vorgeführt. Man kann die Eigenschaften dieser neuen Materie beobachten an seinen Aktionen und Reaktionen - zum Beispiel, dass er die hiesige Materie durchdrungen hat.

Und in dieser neuen Materie stelle ich mir die neue Schöpfung vor. Das goldene Jerusalem besteht nicht aus dem Gold dieser Erde oder dieses Universums, sondern im übertragenen Sinn aus der wertvollen Materie der neuen Schöpfung. Ich will jetzt keine Schleichwerbung für ein Buch machen, aber in dem Buch „Abenteuer Kosmos" ist ungefähr beschrieben, wie man sich das vorstellen könnte.

Licht ist Gnade
Ein „Gnadenlicht" als Weihnachtsdekoration
(gesehen im Hotel Victoria Jungfrau, Interlaken, Schweiz).

Armin Ellenberger:

Ich stelle mir die Frage: Können wir Verstorbene wahrnehmen?

Aus der seelsorgerischen Erfahrung weiss ich von Menschen, die wirklich integer sind und nicht irgendwie „auf Wolke sieben" schweben, die mir sagten: „Ich durfte diesen Mann oder diese Frau nach dem Sterben sehen, wie sie neben dem Verstorbenen gestanden sind - für kurze Augenblicke". Und beschrieben wurde es so, dass man einfach den Kopf gesehen hat, und der Rest war dann wirklich wie ein Astralleib. Aber, bitteschön, das sind alles Dinge, die wir unter dem Glauben verstehen müssen. Aber, wenn wir an solche Dinge glauben können und solche Dinge wahrnehmen dürfen, dann hilft das auch, an eine Ewigkeit, eine Welt des Geistes glauben zu können.

Und ich habe mir das aufgeschrieben, dass das Licht der Atem Gottes ist. Das habe ich sehr schön gefunden in dem vorhin gezeigten Video.

5. Thema: Eine Reise ohne Gepäck

Hans Anliker:

Jetzt kommen wir wieder zum „Danach". Mir ist aufgefallen, dass jeder von euch bis jetzt die Bibel als Grundlage erwähnt hat. Die Bibel ist wohl die Grundlage, aber, ich glaube, unsere Vorstellungen vom „Danach" werden ja in jedem Gottesdienst wieder neu aufgefüllt. Da werden uns Sachen erschlossen, die man ja in der Bibel so, wenn das einer liest, nicht versteht. Und ich glaube, so werden unsere Gedanken vermutlich immer konkreter, wie ein „Danach" aussehen könnte. Ich vermute, dass man vor dreissig oder vierzig Jahren solche Gespräche auf diesem Niveau nicht führen konnte - ich weiss nicht, ob man das gemacht hat.

Das „Danach" verbinde ich mit Schwerelosigkeit. Es ist eine Reise ohne Gepäck. Das ist sowieso schön. Auf eine Reise freut man sich. Ohne Gepäck ist das noch schöner!

Auf der anderen Seite, das habe ich vorhin schon gesagt, stelle ich mir das auch vor in meinen Gedanken. Mit dem Verstand muss das ja langweilig sein, wenn man nicht schreiben kann zum Beispiel - so ganz nach dem Verstand. Man hat keine Herausforderung. Und da muss man probieren, den Verstand auszuschalten. Vermutlich gibt es Leute, die so träumen können. Ich kann das nicht. Ich bin zu sehr Realist. Aber ich glaube, das gibt eine schöne Zeit.

Matthias Wolff:

Ich stelle mir das so vor, dass sich eigentlich gar nicht viel verän-

Matthias Wolff:
„Ich stelle mir das so vor, dass sich eigentlich gar nicht viel verändert. Es ist klar, dass der Körper weg ist, aber im Geist? Davon gehe ich jetzt in meinem jugendlichen Alter aus, dass es eigentlich fast gleich bleibt."

dert. Es ist klar, dass der Körper weg ist, aber im Geist? Davon gehe ich jetzt in meinem jugendlichen Alter aus, dass es eigentlich fast gleich bleibt. Dass man zwar schon noch in diesen alten Schemen gebunden ist - „wie der Baum fällt, so bleibt er liegen", dass man immer noch in diesem Bild drin ist, in dem man auch vorher war. Und dass man - da bin ich mir auch relativ sicher - auch ohne Leib die Erdbewohner sehen und auch einen gewissen Einfluss auf sie nehmen kann. So stelle ich mir das vor.

Jürg Meier:

Die Frage nach dem Danach ist letztlich immer auch ein persönliches Glaubensbekenntnis. Ich möchte vier Dinge dazu sagen. Erstens: Die Menschheit ist von Gott ausgegangen, aber nicht nur ausgegangen, sondern auch weggegangen durch den Sündenfall. Und der Heilsplan Gottes, den er in Jesus erschlossen hat, ergab dem Menschen die Möglichkeit, sofern er sich bekehrt und diesen Glaubens lebt, letztlich zu Gott zurückzukehren. Das ist einmal der erste Punkt. Das bedeutet zweitens: Wenn man die Bibel anschaut, kann man zumindest sagen, dass es für das Endstadium dieses Danachs nur genau zwei Möglichkeiten gibt: Entweder ewige Gemeinschaft mit Gott oder ewige Trennung von Gott. Und wie stelle ich mir das jetzt konkret vor?

Drittens gibt es irgendwo in der Bibel den Spruch: „Was noch kein Auge gesehen und kein Ohr gehört hat, das hat Gott denen bereitet, die ihn liebhaben", ein Blick auf diese ewige Gemeinschaft mit Gott. Wenn wir das jetzt vertiefen oder vielleicht in Bildern zeigen möchten, heisst das für mich: Ich male mir das Allerschönste aus, das

Licht des Himmels - Licht der Erde
Das Licht des Geistes gleicht dem irdischen Licht: Beide ergänzen sich, erhellen die Dunkelheit - und sie vereinen Materie und Geist.
(Siehe auch ABENTEUER KOSMOS, Kapitel 2.4, Verlag Cosmosophia, 2006)

ich mir überhaupt vorstellen kann, und werde dann sehen, wenn es soweit ist und ich Gnade im Glück habe, dass all das, was ich mir vorgestellt habe, letztlich ein ganz müder Abglanz dessen ist, was mich dort erwartet. Und viertens: Diese Spannung reicht mir eigentlich bei Weitem, um mich zu Lebzeiten ein bisschen damit zu beschäftigen. Es so zu machen, dass vielleicht die Chance besteht, das dann wirklich zu sehen.

Christina Schmidlin:

Es ist interessant, dass ich mir Ähnliches aufgeschrieben habe. Ich habe mir zwei Sätze aufgeschrieben. Das, was Jürg Meier gesagt hat: Zurück zu Gott, aus dem wir und - ich denke - alle Menschen entstanden sind und je nach Leben wieder dorthin zurück wollen oder können. Und es wird alles ganz anders sein, als wir es uns je vorstellen konnten. Ich denke mir, sich zu bemühen, diesen Weg zu gehen und zu hoffen. Und auch die Freude auf ein Wiedersehen ist für mich ein grosser Zug in die Ewigkeit.

Marc Breuninger:

Ich kann mich dem anschliessen. Ich persönlich bin auch der Meinung, dass dort dann schon unsere Lieben sind, die uns in Empfang nehmen. Das ist das, was ich auch hoffe und mir wünsche. Das glaube ich auch so. Und ich kann mich auch dem anschliessen, was Christina gerade gesagt hat, dass die Menschen zu Gott wollen.

Es gab ganz zu Beginn der christlichen Zeit einmal die Aussage: Alle Menschen, wenn sie sterben, kommen automatisch zu Gott. Und es

„Mitten wir im Leben sind mit dem Tod umfangen." (Martin Luther)
Licht und Schatten, hell und dunkel, Leben und Tod sind seit jeher untrennbar miteinander verbunden.

gibt für alle Gnade. Da habe ich einen schönen Satz gelesen, dass Gott als Vater ja schon für alle da ist und das Angebot macht, aber es wollen ja nicht alle das Angebot annehmen. Ich denke, es steht jedem frei, dorthin zu kommen.

Heutzutage sind das Sterben und der Tod ja ein Tabu. Hans Anliker hat gesagt, es fällt uns offensichtlich schwer, darüber zu reden, was danach ist. Da kann man ja mit den wenigsten Menschen heute noch darüber reden. Ich denke, vor einhundert, zweihundert, dreihundert Jahren war das selbstverständlich. Es gibt ja diesen schönen Satz von Martin Luther: „Mitten wir im Leben sind mit dem Tod umfangen". Es war ein Leben auf den Tod hin. Das war auch etwas Schönes. Dieser Satz soll nicht heissen, dass man Angst vor dem Tod hat.

Eine ganz kleine Anekdote zu dem, dass ich auch denke, dass viele Menschen wahrscheinlich am Anfang - das ist meine Vorstellung - gar nicht wahrhaben wollen, dass sie tot sind.

Folgendes ist meinen Eltern und meinem zehn Jahre älteren Bruder passiert, der damals zwei Jahre alt war. Sie waren in den Ferien im Berner Oberland und dort in einem alten Sennenhaus untergebracht, dessen Vorbesitzer sie gekannt hatten. Es war ein alter Schafhirte. Und sie haben dort in seinem Bett geschlafen und sind in der Nacht aufgewacht, als sie ihn gehört haben, wie er um das Bett herum lief. Sie haben seine Holzschuhe gehört, als er immer um das Bett herumging. Und mein Bruder ist damals wohl mit grossen Augen in seinem Kinderbettchen gestanden und hat danach Fieber bekommen. Also, es muss ihn sehr beeindruckt haben.

Ich stelle mir da vor, dass der Mann, der Wochen zuvor erst gestorben war, noch gar nicht realisiert hatte, dass er tot war und merkte

Ein Unwetter bricht herein.
Sturmböen erfassen das Schiff, die Wellen gehen hoch. Blitz und Donner erfüllen die Szene. Die Schiffsleute fürchten sich des Todes und rufen nach ihrem Meister, Jesum Christum. (Gemälde von Rembrandt, 1606-1669)

So oder ähnlich mag es wohl Sterbenden ergehen, die noch an das Irdische gebunden sind und, von den Wirren dieser Welt gebeutelt, den Tod fürchten.

plötzlich: „Da sind Leute in meinem Haus, liegen in meinem Bett!"

Drum denke ich, nachdem unsere Dimensionen ja relativ sind, dass das einfach um uns herum geschieht.

Armin Ellenberger:

Das ist sehr interessant, was du jetzt erwähnt hast, Marc. Ich glaube, dass nicht jeder Mensch so einfach loslassen kann. Vielleicht ist, aus irgendwelchen Gründen, der Bauer oder Senn an gewissen Dingen noch sehr gehangen und konnte sich noch nicht recht davon lösen. Es gibt ja auch Menschen, die können solche Dinge auch sehen. Aber da ist wieder der Glaube einzusetzen.

6. Thema: Die Grenzen der „Grenzenlosen"

Friedrich Wolff:

Also, das würde ja bedeuten, dass man die Aussage riskieren kann, die Toten befinden sich unter uns, aber sie nehmen nicht an allem teil, was wir tun. Sie werden nicht belastet mit unseren Sorgen und kontrollieren uns auch nicht, sondern sie befinden sich als Lebewesen besonderer oder anderer Art mitten unter uns. Und deshalb nehmen wir sie auch hie und da wahr, und sie nehmen uns wahr - wie gesagt, nicht unsere Details, nicht unsere täglichen, menschlichen, irdischen Dinge, sondern die geistigen Vorgänge. Sie sorgen für uns im Sinne dessen, dass sie unsere seelisch-geistige Entwicklung fördern wollen. Ob das soweit geht, ist natürlich wieder eine Frage mit grossem Fragezeichen.

Aber zumindest das, was du jetzt erzählt hast, führt zu der Annahme, dass die Toten unter uns sind. Wo sollen sie eigentlich auch sonst sein? Sie sind an die geistigen Bereiche gewöhnt. Es gibt ja auch da einige Hinweise aus der Bibel. Zum Beispiel, als der Herr Jesus das Bild vom reichen Mann und dem armen Lazarus gezeigt hat. Der reiche Mann war in einem Bereich, das dem seines irdischen Lebens entsprach. Da hat es ihn hingezogen, oder da kam er zwangsläufig hin.

Und so stelle ich mir vor, dass ein Mörder in ein Bereich der Mörder kommt, weil er gar nicht anders kann, weil er nicht akzeptiert würde in einem anderen Bereich. Oder nehmen wir einmal Atheisten, Ungläubige, die können doch nicht unter Gläubigen froh werden und ein Gläubiger nicht unter Atheisten. Es ist mehrfach der Satz gefallen:

Kommentar: Grenzen und Begrenzungen

Der irdische Mensch lebt nach allen Dimensionen begrenzt. Politische und geologische Grenzen bestimmen seinen Lebensraum. Seine körperliche Bewegungsfähigkeit setzt ihm ebenfalls enge Grenzen, ganz zu schweigen von der Schwerkraft, die ihn an die Erde bindet. Seine Physiologie und das Fliessgleichgewicht seines Körpers zwingen ihn zur Einhaltung von Verhaltensregeln wie Schlaf/Wachphasen, Ernährungsbedingungen, Atmung, Körperpflege. Auch ist sein geistiger Horizont begrenzt. Oft sieht man nur, was vor Augen ist. Die geistige Welt ist vielen verschlossen. Alle diese Grenzen fallen mit einem Augenblick dahin, nämlich mit dem Durchschreiten des Todestores. Das geistig-seelische Wesen ist frei von all diesen Begrenzungen. Grenzenlos könnte man meinen - stimmt aber nicht!

Beobachtet man die Menschen in ihrer Umgebung, wird man rasch feststellen, dass jeder geistig und seelisch geprägt ist. Die genetischen und epigenetischen Einflüsse, die Kultur, die Erziehung, die Lebensverhältnisse und vieles, vieles mehr haben jeden Menschen zwar zu einem Unikat gemacht, welches aber bestimmten Bereichen zuzuordnen ist. Es gibt Fussballfans, Akademiker, Handwerker, Musikliebhaber, Gourmets, Wettkämpfer und Politiker. Auch finden sich Unterschiede im Geschlecht, in der Hautfarbe, der Rasse und den Fähigkeiten.

Schon im natürlichen Leben pflegen Gleichgesinnte und Gleichgeartete Kontakt und Gesellschaft miteinander. Gläubige treffen Gläubige und pflegen Gemeinschaft miteinander. Andersgeartete werden oftmals ausgegrenzt. Das „Wir-Gefühl" beschränkt sich auf die Gleichgesinnten.

Da sich dieser Wesenscharakter des seelischen-geistigen Menschen mit dem Tod nicht ändert, ist davon auszugehen, dass auch der Verstorbene entsprechend geprägt ist. Was liegt da näher, als dass sich Gleichgesinnte auch im Totenreich wiederfinden und sich miteinander zu Bereichen vereinen! An diese Bereiche sind sie dann gebunden, denn woanders fühlen sie sich nicht wohl.

So ergeben sich neue Grenzen, die unüberwindbarer sind als natürliche Grenzen. Verstärkt werden solche Bindungen wohl auch durch den Umstand, dass keine anderen Einflüsse interferieren, wie dies im irdischen Leben der Fall ist durch Beruf, Familie oder sonstige Gegebenheiten. Auf diese Weise können sich Bereiche und Grenzen bilden, welche nahezu unüberwindbar sind.

6. Thema: Die Grenzen der „Grenzenlosen"

Wie der Baum fällt, so liegt er. Das heisst, der Zustand der Seele und des Geistes bleibt ja bestehen. Matthias Wolff hat das auch gesagt: Der bleibt so liegen - sofern keine andere Kraft einwirkt. Es ändert sich ja nichts. Also wird man auch dort von selbst wieder den Bereich aufsuchen, dem man hier angehört hat.

7.

THEMA

7. Thema: Entwicklungsmöglichkeiten im Jenseits

Harry Bruder:

Darf ich hier etwas anfügen? Es muss ja aber trotzdem dann eine Entwicklung geben. Die, die sich eine Veränderung wünschen, müssen ja die Gelegenheit haben, sich verändern zu können. Man möchte ja nicht ewig in einem Bereich sein, wenn man den als schlecht ansieht. Also muss es trotzdem eine Möglichkeit zur Veränderung geben. Wenn man sagt, wie der Baum fällt, so liegt er, dann kann er sich doch vielleicht aufstellen und verschieben.

Friedrich Wolff:

Der Baum, der im Wald fällt, kommt ja auch mit dem Lastwagen nachher fort. Also, es gibt schon noch Veränderungen, nachdem er gefallen ist.

Peter Baumann:

Vorhin ist angesprochen worden, dass man Geist und Seele etwas trennen soll. Und das finde ich auch gut. Jesus hat gesagt: „Was hülfe es dem Menschen, wenn er die ganze Welt gewönne und nehme doch Schaden an seiner Seele".

Oft schreit die Seele in manchen Menschen, denke ich, so auch bei Mördern und bei vielen anderen. Und sie kann sich nicht lösen oder bemerkbar machen. Es ist nicht der menschliche Geist, der rübergeht, sondern die Seele. Wenn eine gequälte Seele rübergeht, dann

Kommentar: Gruppierungen und Bereiche

Verhaltensweisen und Gruppenbildungen sind nicht nur in der Biologie und Soziologie bekannt, sondern auch in den geistigen Bereichen. Schon der Volksmund sagt: „Gleich und gleich gesellt sich gern". So geraten die zunächst „Grenzenlosen" nach dem Übertritt vom Leben zum Tod in neue Abhängigkeit und damit in neue Grenzen. Diese Dinge sind so logisch, das man sie eigentlich mit dem Verstand erfassen können sollte und nicht unbedingt nur mit dem Glauben.

Leben zeigt sich ja in verschiedenen Dimensionen und Intensitätsgraden. Unmerklich leise oder gewaltsam, blühend oder reifend, keimend oder sprudelnd, aufstrebend oder sterbend. Immer ist es dasselbe Leben, aber in unterschiedlichen Stadien und Zuständen, Kräften und Funktionen, Formen und Zerfall. So ist es nur natürlich, dass das Leben - kaum befreit von der Bürde des Leibes - in neue Abhängigkeit gerät und in derselben Bereiche bildet.

Hier wird deutlich, dass es nur einen gibt, der ohne Grenzen ist, und das ist Gott selbst. Für ihn gelten weder zeitliche noch örtliche Grenzen, noch seelische und geistige Grenzen. Er ist grenzenlos, er liebt grenzenlos, er schafft grenzenlos, und er bleibt grenzenlos, denn er ist immer und überall, von Ewigkeit zu Ewigkeit - für uns unvorstellbar, aber zu akzeptieren.

7. Thema: Entwicklungsmöglichkeiten im Jenseits

tut das weh. Aber viele Menschen haben nicht die Möglichkeit oder nutzen sie nicht, dann ist die Seele gequält und geht als solche hinüber. Da können wir froh sein, dass bei Gott Gnade gross geschrieben wird, derer wir ausnahmslos alle bedürfen.

Hans Anliker:

Ich habe nur eine Frage: Von welchem Geist reden wir? Vom heiligen Geist?

Friedrich Wolff:

Vom Geist als Geisteswelt. Der heilige Geist ist zwar Bestandteil oder, sagen wir einmal, der Teil Gottes, der diese geistige Welt betrifft, ...

Hans Anliker:

... Eben. Man muss da aufpassen. Man kann da nicht Geist und Seele trennen, denn heiliger Geist und Seele ...

Frank Wolff:

... Um das sauber auseinander zu bekommen: Was du gemeint hast mit dem Trennen von Geist und Seele, das betrifft zum einen die geistigen Funktionen und zum anderen die seelischen Funktionen. Geist ist ganz klar meine Gehirnleistung, nicht stofflich, aber auch nicht seelisch. Wenn man das trennt, dann wird es klar.

Armin Ellenberger (links):
„Ich glaube, dass die Seele - vorausgesetzt, sie will ... - Entwicklungsmöglichkeiten hat in den Totenbereichen."

Friedrich Wolff (rechts):
„Ich glaube, das ist unser aller Überzeugung, dass der Mensch sich fortentwickeln kann - im Körper und ausserhalb des Körpers."

Friedrich Wolff:

Wir haben dieser Tage eine Grafik erstellt für den ersten Teil des Buches, die genau dazu Stellung nimmt. Auf dieser Grafik sind die Merkmale von Seele, Geist und Körper nach Kraft, Form und Funktion dargestellt. Die Merkmale der Seele sind Lebenskraft, Persönlichkeit, seelische Bewegung. Die Merkmale des Geistes sind Entscheidungskraft, Visionen/virtuelle Welt, Denken/ Wahrnehmung/ Gedächtnis. Und die Merkmale des Körpers sind Stoffwechsel, Vermehrung und Vererbung. Das sind jeweils drei Merkmale dieser jeweiligen Ebene.

Armin Ellenberger:

Ich möchte noch einmal auf das zurückkommen, was Harry Bruder gesagt hat. Das hat mich sehr angesprochen. Ich kann das nur unterstreichen. Ich glaube, dass jede Seele - vorausgesetzt, sie will, denn das ist immer die Voraussetzung - Entwicklungsmöglichkeit hat in den Totenbereichen.

Das muss ja so sein. Sie muss die Möglichkeit haben, weiter zu kommen, sonst wäre ja das eigentlich mit dem Wort „Gnade" nicht in Einklang zu bringen. Das ist jetzt meine persönliche Überzeugung.

Friedrich Wolff:

Ich glaube, das ist unser aller Überzeugung, dass der Mensch sich fortentwickeln kann - im Körper oder ausserhalb des Körpers.

Treppenstufen führen höher.
Mit Hilfe von Treppenstufen kann man Höhenunterschiede bequem überwinden. Aber: Treppenstufen begrenzen - sie lassen sich nur Schritt für Schritt begehen.

So wird es sich wohl auch in der neuen Schöpfung einfinden, denn der Schöpfergeist Gottes ruht sicher nicht. Er wird aufwärts streben - Schritt für Schritt.

Harry Bruder:

Aber, wenn man nach der Bibel geht, gibt es ja dann einen Zeitpunkt, an dem eben diese Entwicklungsmöglichkeit aufhört. Das wäre dann eigentlich nach dem tausendjährigen Friedensreich. Dann bekommt man einen Platz zugewiesen, der endgültig ist. Dann ist man dort, wo man die Ewigkeit verbringt.

Friedrich Wolff:

Ganz kurz dazu gesagt: Die Bibel sagt: Nach dem tausendjährigen Friedensreich und dem Endgericht wird die neue Schöpfung der Lebensraum sein. Und die, die absolut keine Gemeinschaft mit Gott haben wollen, sind für ewig im feurigen Pfuhl. Das riecht nach „schwarzem Loch".

8. Thema: Schlussdebatte: Was wissen wir, und was glauben wir?

Jürg Meier:

Ich möchte eigentlich da nochmals anknüpfen. Friedrich Wolff hat vorhin gesagt - eine gewagte Aussage: „Die Toten befinden sich unter uns". Ich glaube, das grosse Problem, das wir auch heute hier haben, ist, dass dies so eine Art „Treibsanddiskussion" ist, denn wir können zu all den Dingen nicht sagen, dass wir es wissen. Es ist letztlich immer ein Glaubensbekenntnis. Und ich möchte hier nicht sagen, dass die Bibel sogar widersprüchlich ist. Ich möchte nur darauf aufmerksam machen, dass auch die Bibel uns da nicht alles erklärt.

Also, ich bin jedenfalls noch nicht so weit, dass ich das aufgeschlossen hätte. Es gibt zum Beispiel das Bild: Jesus auf dem Berg der Verklärung. Dort heisst es: Neben den drei Aposteln waren noch Mose und Elia da - aus dem Jenseits. Das steht so in der Bibel, und wir dürfen uns vorstellen, die standen dabei.

Dann hat Friedrich Wolff das Bild vom reichen Mann und armen Lazarus gebracht. Ich denke aber, das hat Jesus als Gleichnis gemeint. Da müssen wir uns wieder die Frage stellen: Was will er uns damit sagen? Wir neigen dazu, uns das so vorzustellen, dass der eine wirklich auf dem Schoss von Abraham sitzt und es wunderbar hat und der andere irgendwo in der Hölle schmort. Das ist ein Bild, denke ich, ein Bild, das viel aussagt. Aber es ist ein Gleichnis, ein Beispiel.

Und dann gehen wir zur Wiederkunft Christi, und dort heisst es so

Die Schlussdebatte zeigte teilweise kontroverse Züge:

„Ist es für mein jetziges Leben tatsächlich so wichtig, im Detail zu wissen, was da (drüben) abläuft?"

„Jeder hat seine Sichtweise vom Leben und seine Sichtweise vom Glauben. Das macht es so spannend!"

sinngemäss: Zuerst werden die Toten, die im Herrn gestorben sind, auferweckt. Ja, um Himmels Willen, wovon reden wir denn jetzt? Also, einerseits könnte man jetzt ganz extrem sagen, die Toten schlafen irgendwo, nach dem Motto, wie Salomo gesagt hat: Wo der Baum hinfällt, da bleibt er nun halt einmal liegen. Die „liegen halt dann da". Daneben haben wir so viele, nicht nur biblische Hinweise, bei denen man echt sagen kann: Es gibt die Möglichkeit der Kommunikation zwischen Toten und Lebenden. Ich glaube, darum sind wir auch alle so vorsichtig. Man kommt hier in so persönliche Vorstellungen hinein.

Die Frage - ich habe sie mir vorhin gestellt, als ich euch so zugehört habe - ist eigentlich nur: Ist es für mein jetziges Leben tatsächlich so extrem wichtig, im Detail zu wissen, was da abläuft? Letztlich gibt es eigentlich aus christlicher Sicht nur eines: Man muss sich bekehren, man muss wiedergeboren sein, man muss den Weg der Nachfolge gehen. Und wenn man das aus dem Glauben heraus tut, kann man mit einer gewissen Freude oder Hoffnung und mit einem gewissen Vertrauen dahin kommen, dass man sagt, Gott, der Herr, wird es dann nachher richten. Darum haben wir es heute in dieser Runde viel schwerer als letztes Mal oder vorletztes Mal.

Frank Wolff:

Das macht die Diskussion natürlich spannend. Es ist ja auch eine ein bisschen anders angelegte Diskussion. Vorhin hat jeder in der Runde über seine Vorstellungen von einem „Danach" gesprochen. Daraus ist jetzt ein Strauss von Glaubensbekenntnissen und Vorstellungen geworden. Und das ist insofern spannend, weil es dem,

Ein altertümliches Schiff auf dem Lac Léman.
Mitunter nahm die Schlussdebatte archaische Züge an.

der sich das nachher anschaut, verschiedene Sichtweisen ermöglicht. Und diese fundieren ja auch alle auf verschiedenen Hintergründen. Jeder hat seine Sichtweise vom Leben und seine Sichtweise vom Glauben. Das macht es so spannend.

Hans Anliker:

Man kann das vergleichen mit dem Turmbau zu Babel. Die wollten ja auch etwas erforschen, und dann hat der liebe Gott „basta" gesagt. Und bei uns ist es so: Wir kommen einfach nicht weiter.

Friedrich Wolff:

Dem muss ich jetzt aber doch widersprechen. Die Menschen damals beim Turmbau wollten ja aus eigener Kraft in die Höhe kommen.

Hans Anliker:

Das wollen wir ja jetzt auch hier.

Friedrich Wolff:

Nein, wir wollen eigentlich aus dem lernen, was uns aufgeschlossen worden ist. Also, wenn wir die ganze Bibel verstehen würden, wären wir viel schlauer als wir heute sind. Aber wir verstehen sie nicht. Da kannst du insofern Recht haben, als das Schritte sind. Der Herr Jesu hat einmal gesagt: „Ich hätte euch noch viel zu sagen, aber ihr könnt es noch nicht verstehen". Ihr seid noch nicht soweit, dass ihr es verstehen könnt. Er wäre schon bereit, uns noch mehr Auf-

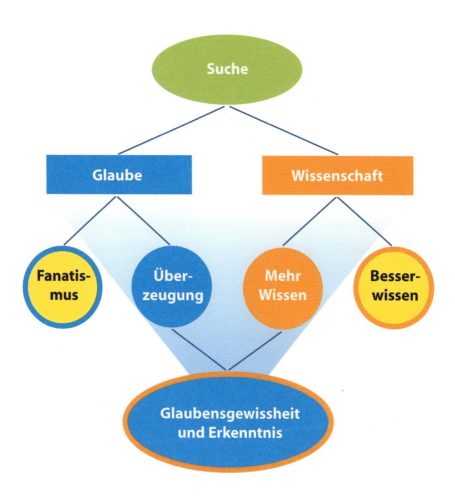

Wege zur Glaubensgewissheit und Erkenntnis.

schluss zu geben, aber wir sind noch nicht fähig dazu.

Marc Breuninger:

Ich wollte vorher schon etwas zur Diskussion stellen, was mich beschäftigt: Das ist die Aussage, dass offensichtlich auch die Schreiber der Evangelien da Mühe gehabt haben. Mir kommt da immer der Satz aus Matthäus in den Sinn. Nachdem Jesus gestorben war, heisst es da: „... und die Gräber taten sich auf, und viele Leiber der entschlafenen Heiligen standen auf und gingen aus den Gräbern nach seiner Auferstehung und kamen in die heilige Stadt und erschienen vielen". Und ich habe mir gedacht, wo schlafen die denn? Und warum gehen die da jetzt plötzlich in die heilige Stadt? Also, offensichtlich ist das ja doch etwas, bei dem wir einfach nicht wissen, was das bedeuten soll, nur spekulieren können.

Friedrich Wolff:

Ja, man muss die Bibel unbedingt vom Sinn her verstehen und darf nicht den Wortlaut zugrunde legen. Wenn es da heisst „schliefen", dann heisst das einfach, dass sie an dem irdischen Leben nicht teilgenommen haben. Für uns schlafen die, aber in Wirklichkeit schlafen sie natürlich nicht.

Marc Breuninger:

Aber es steht: „Und die Gräber taten sich auf und sie schliefen noch". Also, es weckt eindeutig die Vorstellung von schlafenden Toten.

Schlusskommentar: Zusammenhänge der Welten

Im Verlauf der drei Gesprächsrunden wurden meist praktische Themen diskutiert, weniger deren geistige Zusammenhänge:

- *Das Leben weist zwar irdische Formen und Strukturen auf, entstammt aber der geistigen Welt und findet dort auch seine schliessendliche Bestimmung.*

- *Das Sterben spielt sich wohl in der materiellen Welt ab, führt aber aus dieser heraus. Sterben bedeutet ja loslösen, also Trennung vom Irdischen.*

- *Als Fortsetzung der irdischen, materiellen Welt, als neuer Lebensraum für die gestorbenen Menschen wird das „Jenseits" angenommen - Bereiche in einer körperlosen, geistigen Welt.*

Analog hierzu steht die Musik. Sie wird meist erzeugt von irdischen Instrumenten und fortgepflanzt durch materielle Medien. Doch entstammen die Inhalte der geistigen Welt: Melodie und Rhythmik, Harmonie und Resonanz, Sinn und Inhalt der Textaussagen und so weiter. Alles wurde in der geistigen Welt geboren und findet dort auch seine Bestimmung.

Obwohl die übergeordnete Funktion des Geistes offensichtlich ist, wird dies oftmals ignoriert. Die Naturwissenschaften sind eben auf die natürliche, materielle Welt ausgerichtet. Deshalb obliegt es den Geisteswissenschaften, die geistigen Welten zu beleuchten. Und wo Wissenschaft endet, führt der Glaube weiter.

....

8. Thema: Schlussdebatte - was wissen wir, und was glauben wir?

Friedrich Wolff:

Es ist sehr schwierig, geistige Vorgänge bildlich darzustellen. Und die Bibel arbeitet mit Bildern. Das ist der einzige Weg, um Übersetzungsfehler zu vermeiden. Ein Apfel ist ein Apfel, und ein Birnbaum ist ein Birnbaum. Und das bleibt so, in welcher Sprache auch immer man das spricht. Jetzt muss man geistige Vorgänge mit solchen Bildern darstellen. Das würde uns auch schwerfallen. Uns fällt ja sogar schwer, die Bilder zu verstehen und richtig zu interpretieren. Also, man muss sehr davor warnen, die Bibel wortwörtlich zu nehmen, sonst geht man in die Irre.

Marc Breuninger:

Um das ging es mir auch nicht. Mir ging es darum zu sagen, dass sie damals beim Niederschreiben nicht wussten, was es bedeuten soll. Und wir wissen es heute nicht. Das sind Bilder und Symbole.

Harry Bruder:

Darf ich noch eine ketzerische Frage in die Runde werfen? Wäre es dann für Gott eigentlich nicht möglich, mal jemanden aus dem Jenseits uns quasi vorzuführen? Dann wäre es doch für uns alle viel einfacher zu glauben.

Friedrich Wolff:

Das hat er doch gemacht. Der Herr Jesus ist doch auf die Erde gekommen.

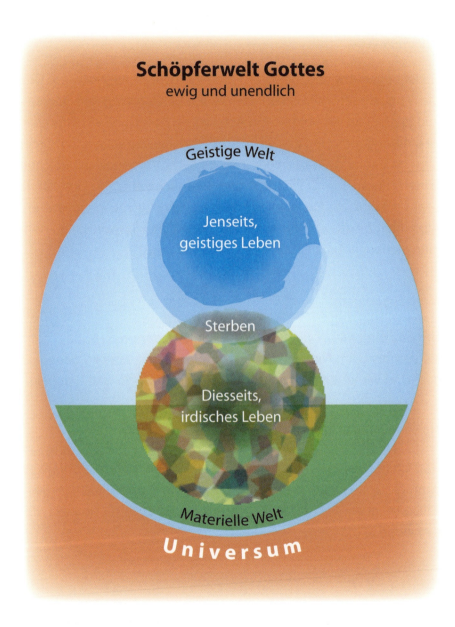

Zusammenhänge der Welten und ihrer Elemente.

Harry Bruder:

Ich denke jetzt nicht in der Vergangenheit, ich meine in unserer Zeit. Wir suchen ja immer nach Beweisen, um „das bisschen Berg" noch zu überwinden.

Christina Schmidlin:

Mir ist bei deinen Worten gerade mein Sohn in den Sinn gekommen, der einmal gesagt hat: „Eigentlich wäre ich gerne damals auf der Welt gewesen, als Jesus gelebt hat. Dann wäre alles viel einfacher."

Die Menschen damals haben mit Jesus so viel erlebt und haben aber trotzdem auch nicht glauben können. Und ich denke mir, auch wenn das heute geschehen würde, wären wir wieder genau gleich. Die Menschen hatten ja die Gelegenheit und haben es trotzdem nicht begriffen.

Peter Baumann:

Das Gleichnis vom reichen Mann und Lazarus gipfelt ja darin, dass der reiche Mann möchte, dass Lazarus an seiner Stelle auf die Erde zurückgehen soll, um seine Verwandten zu warnen. Und das darf er aus dem Grund nicht: Wenn sie schon dem Lebendigen nicht glauben, wieso sollten sie dann einem Toten glauben?

Jürg Meier:

Und dort hat er auch noch gesagt: Sie haben Moses und die Pro-

„Leben, Sterben - und wie weiter?"

Der Lebenskünstler nimmt's gelassen: Auf fremde Hilfe angewiesen, lässt er sich's nicht vermiesen, er kehrt ins „Sängerstübli" ein.

pheten. Man fragt manchmal: Wo wärst du am liebsten dabei gewesen? Dann gibt es Leute, die sagen: Bei der Bergpredigt Jesu. Ja, bitteschön, da war einer, der hat gepredigt. Das kann man heute auch erleben. Ich glaube, das wäre dann schon sehr einfach. Letztlich müssen wir eingestehen: Gott hat es so gemacht, wie er es gemacht hat. Alles andere ist Spekulation. Er hätte es auch viel einfacher machen können. Er wird uns dann vielleicht einmal sagen, warum er es so gemacht hat und nicht anders.

Armin Ellenberger:

Ich möchte auch noch einmal ganz kurz die Bibel erwähnen. Wir kennen die Geschichte vom König Saul, der zur Wahrsagerin ging, um den toten Samuel zu holen. Und Samuel kam und sprach sinngemäss die Worte: Du weisst doch, dass es nicht erlaubt ist, die Toten zu holen.

Zum Abschluss habe ich noch etwas vorbereitet: Albert Einstein, das darf ich schon sagen, hat uns eigentlich durch die ganzen Gespräche begleitet, weil es ein Wissenschaftler war, der auch an Gott geglaubt hat. Und Einstein sagte einmal zu Fritz Juliusberg: „Solche Menschen, wie wir beide, sterben zwar alle, aber sie werden nicht alt, solange sie leben. Ich meine damit, sie stehen immer noch neugierig wie Kinder vor dem grossen Rätsel, in das wir mitten hineingesetzt wurden".

EPILOG

Epilog

Dieses aussergewöhnliche Buch beginnt mit einem Zitat von Albert Einstein. Sein gläubiger Forschergeist hat uns durch die Gesprächsrunden hindurch begleitet und soll deshalb am Ende des Buches noch einmal zu Wort kommen:

„Ein menschliches Wesen ist ein Teil des Ganzen, das wir Universum nennen, ein in Raum und Zeit begrenzter Teil. Es erfährt sich selbst - seine Gedanken und Gefühle - als etwas von allem anderen Getrenntes, eine Art optische Täuschung seines Bewusstseins" (Albert Einstein).

Wenn ich den Ursprung und die Entstehungsgeschichte dieses Buches vor meinem geistigen Auge vorbeiziehen lasse, so empfinde ich tiefe Dankbarkeit:

- Als gläubiger Seelsorger möchte ich vor allem Gott, unserem himmlischen Vater, danken, denn er hat uns die Gaben geschenkt und Segen zum Gelingen des Werkes gegeben.

- Dankbar bin ich allen Teilnehmern an den Gesprächsrunden, die sich selbstlos engagiert haben, mit Fachwissen und viel Sinn für brennende Fragen sowie manches heikle Thema.

- Danken möchte ich den Mitarbeitern des Verlages, welche aus der lebhaften Diskussion druckreife Sätze formten.

Glauben, Glaubensgewissheit und die lebendige Hoffnung auf ein Leben nach dem Tode sind wohl die Voraussetzungen, sich ernsthaft mit dem ewigen Leben auseinanderzusetzen. Zweifellos hinterlässt jeder Mensch etwas, was es ohne ihn nicht gegeben hätte. Wir

Armin Ellenberger:
„Liebe bedeutet: Lass immer eine Brücke entstehen.“

alle verändern jeden Tag ein wenig die Welt - wohl nur in kleinen Schritten, bewusst oder unbewusst.

So wirkt unsere Liebe auf unsere Umwelt wie ein Sonnenstrahl, welcher das Leben unserer Mitmenschen erwärmt und unser eigenes Leben erleuchtet. Liebe gibt auch die Kraft, einen sterbenden Menschen zu betreuen und zu pflegen.

Sterbebegleitung ist eine der wichtigsten Aufgaben in unserer heutigen schnelllebigen Zeit. Um einen schwerkranken Menschen auf seiner letzten Wegstrecke zu begleiten, bedarf es in erster Linie der Herzensbildung und der sensiblen Wahrnehmung. Man muss an sich arbeiten, um sich nicht gegen die Realität zu sperren, sondern jetzt und heute den Menschen in seiner Situation so anzunehmen, wie diese sich entwickelt hat. Ganz bewusst lassen wir alle Vorbehalte und Vorurteile los und betrachten den Sterbenden mit Liebe und Respekt.

Ganz wichtig ist die Versöhnlichkeit. Wenn wir verzeihen können, dann erleben wir, dass wir uns aus der Schuld alter und oft erdrückender Gefühle lösen können. Unsere Energien werden dann frei für positive Aktivitäten und Unternehmungen, so zum Beispiel die Betreuung eines Sterbenden - möglicherweise eines geliebten Angehörigen.

Ich möchte gerne meinen Epilog beschliessen mit einem Bild aus der Natur: Ein reifer Apfelbaum erntet sich nicht von selbst, er muss geerntet werden. So sehe ich in diesem Buch viele Früchte - ernten müssen wir selbst.

Im Januar 2008,
Armin Ellenberger

Referenz-Literatur

1. Randolph Penning et al.
   Rechtsmedizin systematisch
   2. Auflage 2006
   Uni-Med Verlag, Bremen

2. Dean Hamer
   Das Gottesgen
   Deutsche Ausgabe 2006
   Köselverlag, München

3. B. H. Lipton
   Intelligente Zellen
   3. Auflage 2007
   KOHA-Verlag, Burgrain

4. R. Sheldrake / M. Fox
   Die Seele ist ein Feld
   4. Auflage 2001
   Scherz-Verlag, Bern

5. Weddig Fricke
   Patientenwille und Sterbehilfe
   *Ein Plädoyer für das Selbstbestimmungsrecht des
   Menschen am Ende des Lebens*
   1. Auflage 2006
   Verlag Karl Alber, Freiburg / München

6. SF1-DOC
   Nahtod-Erlebnisse
   TV-Sendung 2004
   Schweizerisches Fernsehen

7. Monika Renz
   Zeugnisse Sterbender
   Todesnähe als Wandlung und letzte Reifung
   3. Auflage 2005
   Junfermann Verlag, Paderborn

8. Elisabeth Kübler-Ross
   Über den Tod und das Leben danach
   10. Auflage 1989
   Verlag „Die Silberschnur", Melsbach

9. Evelyn Elsaesser Valarino
   Erfahrungen an der Schwelle des Todes
   Wissenschaftler äussern sich zur Nahtodeserfahrung
   1. Auflage 1995
   Ariston Verlag, Genf

Glossar

Abtreibung: Schwangerschaftsunterbrechung und Abtötung des Fötus.

Affekt: Stimmung, Gefühl, Gemüt.

Akut: Plötzlich einsetzend, heftig und meist von kurzer Dauer.

Allgemeine Relativitätstheorie: Im Jahre 1916 von Albert Einstein veröffentlichte Theorie, nach der das Phänomen der Gravitation eine Folge der Krümmung des Raum-Zeit-Kontinuums ist. Diese Theorie ist Grundlage aller heute diskutierten Ideen über die Struktur des Universums.

Altruismus: Von lat. alter = „der andere": Selbstlosigkeit oder Uneigennützigkeit.

Amnesie: Zeitlich begrenzte Erinnerungslücke oder vollständiger Gedächtnisverlust.

Animismus: Von lat. Anima = „die Seele": Glaube an die Beseeltheit der Natur. Letztlich baut er auf der Überzeugung von Aristoteles auf, wonach die Seele sterblich sei und nur ein davon zu trennender Geist, allerdings nicht so sehr individuell, den Tod des Menschen überlebe. Der Animismus ist in der Parapsychologie eine Richtung, wonach PSI-Phänomene als Erscheinung der Seele oder des Unbewussten aufzufassen sind.

Anamnese: Krankheitsvorgeschichte mit Schilderung der Entwicklung der jetzigen und früheren Beschwerden durch den Kranken selbst (Eigenanamnese) oder andere Menschen (Fremdanamnese).

Atom: Von griech. atomos = „unteilbar, ungeschnitten". Kleinste Materieteilchen der Elemente, welche noch die Eigenschaften der jeweiligen Elemente aufweisen. Sie sind auf chemischem Weg nicht teilbar.

Autopsie: Untersuchung des Körperinneren (der Organe) am toten Organismus.

Beten: > Gebet.

Biologie: Von griech. bios = „Leben" und logos = „Lehre"; die Wissenschaft vom Leben (und Sterben), bezogen auf natürliche Lebewesen (Organismen).

Böse (das u. der Böse): 1. Alles, was dem Willen Gottes widerstrebt. 2. Zerstörerische Mächte (Satan, der Teufel). 3. Niedergang, Zerfall oder Zerstörung ethischer Werte. 4. Kriminelle Potentiale und Handlungen.

Chromosom: Träger der Erbanlagen (genetischer Apparat). Ist in den Kernen aller Körperzellen in Paaren angeordnet. Beim Menschen beträgt die Zahl der Chromosomen 46, wobei sich Mann und Frau durch ein Y-Chromosom unterscheiden (XY beim Mann, XX bei der Frau).

Chronisch: Langsam schleichender Verlauf.

Computertomographie (CT): Ein Röntgenverfahren, bei dem Röntgenbilder in verschiedenen Schichtebenen aufgenommen werden und mittels eines Computers ausgewertet werden.

Darwin, Charles Robert (* 12.02.1809, † 19.04.1882): Engl. Naturforscher, bekannt durch seine Evolutionstheorie (Variation und Selektion).

Defizit: Mangel bzw. Verminderung einer normalerweise vorhandenen Fähigkeit.

Degeneration: Abbau von Substanz und Funktionsverlust.

Demenz: Verlust der erlernten geistigen Fähigkeiten, vor allem des Gedächtnisses und der normalen Persönlichkeit als Folge von Hirnschädigung; im allgemeinen nicht rückbildungsfähig, äussert sich durch zunehmende Störungen des Gedächtnisses, der Urteilskraft, des Erkennens, der Orientierung und anderem mehr.

Depression: Seelische Störung, die sich in einer gedrückten, pessimistischen Stimmungslage (traurige Verstimmung), evt. auch mit Angst und Selbsttötungstendenzen, Schlafstörungen und allgemeiner Verlangsamung äussern kann.

Determinismus: Von lat. determinare = „bestimmen, begrenzen". Lehre, dass alles in der Welt im Voraus eindeutig und unausweichlich festgelegt ist.

Diagnose: Erkennung und Benennung einer Krankheit.

DNS = Desoxyribonukleinsäure: Grundbaustein des Erbgutes. Sie besteht immer aus 3 Teilen: Einem Phosphorsäuremolekül, einem Fünffach-Zucker (Pentose) und einer organischen Base. Es gibt 4 Basen, nämlich Adenin, Cytosin, Guanin und Thymin. Lediglich bei der > RNS (Ribonukleinsäure) kommt anstatt Thymin das Uracil vor. Die Basen sind der für die Codierung wichtige Bestandteil von DNS und > RNS.

Dogmatismus: Von griech. Dogma = „Grundsatz"; strenges Festhalten an einer Lehrmeinung; unkritisches, von starrer Lehre abhängiges Denken.

Dualismus: Die Lehre von zwei voneinander verschiedenen und gegenseitig unabhängigen Prinzipien, Mächten oder Substanzen. Einen Dualismus bezeichnen die Begriffspaare: Welt der Ideen und Welt der Wirklichkeit (Platon), Geist und Materie, Natur und Geist, Seele und Leib, Denken und Ausdehnung (Descartes), anorganische und organische Natur, Subjekt und Objekt, Sinnlichkeit und Verstand, Glauben und Wissen, Naturwissenschaft und Geisteswissenschaft, Naturnotwendigkeit und Freiheit, Diesseits und Jenseits usw. In der Physik kommt der Dualismus häufig vor: Teilchen oder Wellen, Anziehungs- und Abstosskräfte usw.

Dualität: Eine Entsprechung zwischen zwei Theorien, die verschieden scheinen, aber zu den gleichen physikalischen Ergebnissen führen.

Dunkle Materie: Materie in Galaxien und Galaxienhaufen (möglicherweise auch zwischen Galaxienhaufen), die nicht direkt beobachtet werden kann, aber durch ihre Gravitation nachweisbar ist. Bis zu neunzig Prozent der Materie im Universum ist dunkle Materie.

Einstein, Albert (* 14.03.1879, † 18.04.1955): Dt. Physiker, Nobelpreisträger, Entdecker der Relativität von Zeit und Raum. Einstein konnte mit Hilfe seiner Gleichung beweisen, dass jede Masse bei Erreichen der Lichtgeschwindigkeit ins Unendliche anwachsen würde. Gleichzeitig führte er die sog. Lorentz'sche Längenkontraktion (1899) zu einer Verkleinerung jedes Objektes ins Unendliche.

Einwilligungsrecht: Das Recht des Patienten, dem Arzt zu einem beabsichtigten Eingriff seine Einwilligung zu geben oder zu verweigern.

Energie: Physikalische Grösse, die zusammen mit dem Impuls den Bewegungszustand eines Teilchens charakterisiert. Nach der Einstein'schen Relativitätstheorie ist die Energie eines ruhenden Teilchens proportional zu seiner Masse.

Engel: Gemäss der Bibel geistige Wesen, von Gott geschaffen zu seinem Dienst. Sie dienen auch den Menschen in seinem Auftrag. Die „gefallenen" Engel stehen im Dienst des > „Bösen".

Entropie: Grad der Unordnung eines Systems: Mass für die Wahrscheinlichkeit eines Zustandes. Ungeordnete Zustände sind wahrscheinlicher als geordnete. Negative Entropie ist ein Mass für die Ordnung.

Erbanlage: > Gen.

Erwerbsfähigkeit: Die Fähigkeit, seine Arbeitskraft wirtschaftlich zu nutzen, eine Erwerbstätigkeit in gewisser Regelmässigkeit ausüben zu können.

Erwerbsunfähigkeit: Die durch ein Gutachten bestätigte verminderte oder fehlende Leistungsfähigkeit einer betreffenden Person in dem Sinne, dass sie infolge Krankheit (Gebrechen) oder Schwäche ihrer körperlichen und geistigen Kräfte auf nicht absehbare Zeit eine Erwerbstätigkeit in gewisser Regelmässigkeit nicht mehr ausüben kann. Die Unfähigkeit, seine Arbeitskraft wirtschaftlich zu verwerten; die Minderung der Erwerbsfähigkeit eines Beschädigten um mehr als 90%.

Esoterik: Von griech. esoteros = „innerer, innerhalb"; bezeichnet eine Art Geheimlehre oder Geheimwissenschaft. Heute mehr Sammelbegriff für alles wissenschaftlich nicht Erwiesene bzw. Übersinnliche.

Ethik: Die Lehre vom sittlichen Verständnis, die praktische Philosophie, die sich mit dem Handeln des Menschen befasst, begrenzter Ausschnitt aus dem Reich der Werte, eine Perspektive von gut und böse.

Evolution: In der Biologie seit Darwin die Entstehung oder Entwicklung der Arten durch Variation und Selektion.

Gebet: Zwiegespräch mit Gott, wobei der Betende die Verbindung zu Gott sucht. Die Antwort Gottes kann auf vielfältige Art und Weise erlebt werden.

Gen: Erbanlage, Erbeinheit. Eine Einheit dessen, was als Material der Vererbung aufgefasst wird. Ein Begriff für die kleinste wirksame Einheit des Erbgutes. Ein Gen kann aus mehreren Nukleotiden bestehen, die somit für die Herstellung eines oder mehrerer Eiweisse zuständig sind, die ein Merkmal ergeben.

Genotyp: Die genetische Konstitution eines Organismus.

Gewöhnung: Beschreibt eine Toleranzentwicklung, z.B. eine fortschreitende An-passung des Körpers an eine bestimmte Medikamentendosis, so dass mit der Zeit ständig höhere Arzneimitteldosen erforderlich werden, um eine bestimmte Wirkung zu erzielen. Damit steigt jedoch das Risiko von Nebenwirkungen.

Glaube: Im religiösen Sinn wird Glaube als eine von Gott geschenkte Tüchtig-keit betrachtet („Tugend"), die von Gott offenbarte Wahrheit anzunehmen und an ihr unerschütterlich festzuhalten, was eine vorherige Hinnahme der Glaubwür-digkeitsgründe nicht aus-, sondern einschliesst. Im ethischen Sinne ist Glaube gleichbedeutend mit Vertrauensfähigkeit, einer moralischen Kraft eigener Art, die Seelenstärke voraussetzt. Der Glaube ist Grundlage des Vertrauens.

Hirntod: Physiologischer Tod des Individuums, gilt in der Rechtsmedizin als To-deszeitpunkt.

HIV: AIDS-Virus.

Hormone: Signalstoffe, die über das Blut ausgeschüttet werden, um bestimmte Reaktionen in ihren Zielorganen auszulösen.

Idealismus: Im erkenntnistheoretischen und metaphysischen Sinne umfasst der Idealismus zunächst die Lehren Platons und Plotins (griech. Philosophen) von den Ideen als der wahren Wirklichkeit, von der unsere Sinne nur die Schattenbil-der wahrnehmen. Im weiteren Sinne bezeichnet dann Idealismus jede Philoso-phie, die in der Welt unserer Wahrnehmung nur eine Scheinwelt oder Erscheinung sieht, hinter der eine für uns nicht erkennbare „Welt-an-sich" oder eine nur denkbare geistige Wirklichkeit steht.

Ideologie: Von griech. idea = „Aussehen, Gestalt" und logos = „das Wort, die Lehre" bzw. legein = „sagen, sprechen, erklären". Damit ist die Gesamtheit der Auffassungen einer Gruppe in der Gesellschaft, bzw. eine politische Theorie gemeint.

Indikator: Anzeiger.

Individuum (lat.): „Das Unteilbare"; Einzelwesen, das nicht geteilt werden kann, ohne seine Eigenart und Eigenexistenz zu verlieren. Seine Individualität beruht auf seiner Ganzheit. Wird im allgemeinen Sprachgebrauch oft im Sinne von „Per-sönlichkeit" verwendet.

Instinkt: Von lat. instinctus = „Antrieb, Eingebung". In der Biologie ist mit Instinkt ein „angeborener" Trieb zu bestimmten Verhaltensweisen gemeint.

Intuition: Von lat. intueri = „genau hinschauen, anschauen" (vor allem auch im geistigen Sinne); das unmittelbare Erkennen von Vorgängen oder Zusammenhängen vom Gefühl her, die sogenannte „Eingebung".

Irreversibel: Nicht umkehrbar, nicht rückbildungsfähig; z.b. Schaden, der nicht wieder gut zu machen ist.

Islam: Weltreligion. Die Bezeichnung bedeutet soviel wie „Unterwerfung unter Gott". Islam und Moslem, bzw. islamisch und moslemisch sind praktisch Synonyme.

Jesus: Nach christlicher Auffassung Gottes Sohn, wurde nach neueren Erkenntnissen entweder im Jahr 1 v. Chr. oder 7 v. Chr. geboren.

Jüngster Tag: Synonym für „Ende aller Tage". Der Tag, an dem die Welt in ihrer jetzigen Form nach christlicher und islamischer Auffassung dramatisch endet.

Katheter: Ein dünner Schlauch, der in die Harnblase eingeführt wird, um die Harnblase zu entleeren, z.b. bei einer Harnsperre aufgrund einer Prostatavergrösserung.

Klinik: 1. Krankheitsvorgeschichte und körperliche Untersuchung. 2. Krankheitszeichen. 3. Krankenhaus.

Kognitiv: Das Denken und intellektuelle Fähigkeiten des Gehirns betreffend.

Kohärenz: Von lat. cohaerere = „zusammenhängen"; es handelt sich hier um einen geordneten Zustand durch sich dauerhaft überlagerndes (interferentes) Licht.

Koma: Stadium tiefer Bewusstlosigkeit.

Kontemplation: Von lat. contemplatio = „Anschauung, Beobachtung"; erkennendes Betrachten.

Konvergenz: Von lat. convergere = „sich hin neigen"; meint das gegenseitige Annähern von Arten und Eigenschaften.

Koran oder **Qur-an** (arabisch): „Lesung"; Offenbarungen des Mohammed, in 114 Suren (Kapitel) eingeteilt, nach Länge sortiert.

Kosmologie: Die Lehre vom Universum als Ganzem.

Kosmos: Von griech. kosmos = „Weltordnung", das wohlgeordnete Weltall. Unser Universum im „Kleinsten", dem mikroskopischen, sog. Mikrokosmos sowie im „Grossen", den Planeten, Sternen und Galaxien = Makrokosmos. Unter Kosmologie versteht man die Wissenschaft vom Weltall. Dies ist ein Teilbereich der Physik und der Astronomie.

Krankheit: Das objektiv erkennbare oder selbst empfundene Auftreten von Störungen und Veränderungen, welche die Gesundheit betreffen.

Lethargie: Neigung zu unaufhörlichem Schlaf mit Einbussen der Reaktionsfähigkeit und Nichtreagieren auf normale Weckreize.

Logik: Von griech. logos = „Lehre"; Lehre des folgerichtigen Denkens. Diese „Richtigkeit" basiert auf 4 Grundsätzen: Identität, Widerspruch, Ausschliesslichkeit der Aussage und zureichende Begründung.

Materialismus: Eine Weltanschauung, nach der es keine andere Wirklichkeit gibt als die Materie, so dass auch Seele, Geist und Denken als Kräfte oder Bewegungen der Materie aufgefasst werden (im Gegensatz dazu: > Spiritualismus).

Materie: Stoff; der traditionelle Gegenbegriff für Form oder Geist. Im philosophischen Materialismus ist Materie die Substanz und Basis aller Wirklichkeit und wird im allgemeinen atomistisch aufgefasst. In der Newton'schen Physik steht Materie, die durch Masse und Ausdehnung gekennzeichnet ist im Gegensatz zur Energie. Nach der Relativitätstheorie sind Masse und Energie ineinander überführbar, und materielle Systeme werden jetzt als Formen von Energie angesehen.

Mental: Geistig.

Messias: Von lat. mittere = „schicken, senden, der Gesandte"; hier: „Der von Gott Gesandte"; Synonym für Jesus Christus.

Mobilität: Beweglichkeit, Fähigkeit zur Ortsveränderung.

Mohammed (* ca. 570 n. Chr., † 08.06.632 n. Chr.): Arabischer Prophet, Begründer des Islam.

Molekül: Eine chemische Einheit. Die kleinste Menge einer chemischen Verbindung, welche unabhängig existieren kann.

Nahtoderfahrung (Nahtoderlebnisse): Ausserbiologische Wahrnehmungen im Grenzbereich zwischen organischem Leben und Tod.

Natur: Traditionell als Mutter Natur personifiziert. Die schöpferische und steuernde Kraft in der materiellen Welt und unmittelbare Ursache aller Phänomene dieser Welt.

Naturphilosophie: Auseinandersetzung mit den Erfahrungen aus den Naturwissenschaften.

Nebenwirkungen: Unerwünschte Wirkungen von Medikamenten, welche neben der erwünschten Wirkung auftreten können.

Neurologe: Nervenarzt.

Neurose: Eine Art abnormer Erlebnisverarbeitung, die aufgrund eines inneren Konfliktes zu Überreaktion in gewissen Situationen führen kann.

Neutrinos: Elektrisch neutrale Leptonen, durch das Symbol „v" gekennzeichnet. Bislang hat man die Existenz von 3 verschiedenen Neutrinos etabliert: Die Elektron-Neutrinos, die Myon-Neutrinos und die Tau-Neutrinos. Neutrinos stehen im Verdacht, Bausteine eines weiteren Universums zu sein. Ihre Ausbreitungsgeschwindigkeit soll > c sein.

Neutron: Elektrisch neutrales Teilchen, das neben dem Proton zu den Bausteinen der Atomkerne gehört.

Nukleon: Baustein der Atomkerne. Zusammenfassender Begriff für Proton und Neutron.

Phänomen: Von griech. Phainomenon = „das Erscheinende". Die Erscheinung im Unterschied zu dem, wovon die Erscheinung Kunde gibt.

Pantheismus: Lehre, dass Gott *überall* in der Natur sei.

Paracelsus (* 0.12.1493, † 24.09.1541, eigentlicher Name: Theophrastus Bombastus von Hohenheim): Dt. Arzt und Naturphilosoph. Er behandelte den Menschen als körperlich-seelische Einheit.

Phänotypus: Aus griech. Phainon = „erscheinend" und typos = „Gepräge". Erscheinungsbild eines Lebewesens, bes. des Menschen und seiner manifest gewordenen Eigenschaften, als Produkt von Erbanlagen (Genotyp) und Umwelteinflüssen.

Philosophia (griech.): Bestehend aus philos = „Freund" und sophia = „Weisheit". Lehre von den geistigen Zusammenhängen und Aspekten des Lebens.

Photon: In der Quantentheorie das kleinste Energieteilchen einer elektromagnetischen Strahlung; Lichtquant.

Physik: Lehre von den Gesetzmässigkeiten der unbelebten Materie.

Physiologie: Lehre der normalen Lebensvorgänge im Körper.

Placebo: Scheinmedikament ohne wirklichen Arzneistoffgehalt. Meist erfahren Patienten aufgrund der Placebo-Gabe eine Besserung im kognitiven Bereich (ca. 20-30% der Patienten). Dies ist häufig auch auf die vermehrte Zuwendung durch den Arzt, oftmaliges kognitives Training beim Arzt oder Betreuer usw. zurückzuführen.

Pragmatismus: Von griech. pragmateia = „Beschäftigung mit einer Sache, eifriges Streben". Man bezeichnet damit die Lehre, nach der das Handeln durch seinen praktischen Nutzen bestimmt ist.

Prognose: Die Beurteilung des voraussichtlichen Krankheitsverlaufes.

Prophylaxe: Vorbeugung.

Protestantismus: Bezeichnung für alle aus der Reformation hervorgegangenen christlichen Kirchen und Gemeinschaften. Ferner bezieht sich die Bezeichnung auf die ihnen entsprechenden theologischen Grundlagen: Die Lehre von der Rechtfertigung des Christen allein durch die Gnade, die Vorstellung vom

Priestertum der Gläubigen, die Berufung auf die Bibel als alleinige Grundlage und die Betonung der Gewissensfreiheit des Einzelnen.

Proton: Positiv geladenes, schweres Elementarteilchen, das den Wasserstoffatomkern bildet und mit den Neutronen zusammen Baustein aller Atomkerne ist.

Psyche (griech.): Hauch, Atem, Seele.

Psychiatrie: Die Lehre von den psychischen (den Geisteszustand des Menschen betreffenden) Krankheiten des Nervensystems.

Psychopharmaka: Medikamente verschiedener Gruppen zur Behandlung seelischer Störungen.

Quant: Nicht weiter teilbares Energieteilchen.

Quantentheorie: Sie entwickelt und erläutert die allgemeinen physikalischen Gesetze mikrophysikalischer Systeme (wie Moleküle, Atome, Atomkerne, Elementarteilchen, Lichtquanten). Sie berücksichtigt, dass das mikrophysikalische Geschehen nicht stetig, sondern sprunghaft (quantenhaft) ist.

Ratio (lat): „Vernunft, Verstand, Grund"; Ratio Essendi = „Seinsgrund"; Ratio Cognoscendi = „Erkenntnisgrund".

Realismus: Philosophische Denkrichtung, nach der es eine ausserhalb unseres Bewusstseins liegende Wirklichkeit gibt, zu deren Erkenntnis man durch Wahrnehmung und Denken kommt.

Reanimation: Von lat. re = „zurück" und anima = „die Seele". Gemeint ist die Wiederbelebung.

Reflexion: 1. Das Reflektieren, das prüfende und vergleichende Nachdenken über etwas; im engeren Sinne die „Zurückbeugung" des Geistes nach Vollzug eines Erkenntnisaktes auf das Ich (als Zentrum der Akte) und dessen Mikrokosmos, wodurch die Aneignung des Erkannten möglich wird. 2. In der Physik: Zurückwerfen von Teilchen und Wellen, Spiegeln von Flächen und Kristallen.

Regeneration: Wiederherstellung, Wiederbildung.

Rehabilitation: Massnahmen zur Wiedereingliederung in das Berufs- und Privatleben.

Relativitätstheorie: > Allgemeine Relativitätstheorie.

Religion: Von lat. religare = „zurückführen, zurückbinden"; oder von religere = „wieder durchwandern, durchgehen", oder von religio = „rücksichtsvolle, gewissenhafte Beachtung"; Glaube an eine oder mehrere überirdische Macht bzw. Mächte sowie deren Kult; Bekenntnis zu einer Glaubensgemeinschaft.

Religionsphilosophie: Untersuchung der Religionen im Vergleich zu anderen philosophischen Disziplinen.

Resonanz: Von lat. resonare = „widerhallen, zurückschallen". Das Mitschwingen eines schwingungsfähigen Mediums als Folge einer Anregung in einer bestimmten Frequenz, welche von einem anderen Medium ausgeht. Im übertragenen Sinn spricht man von der Resonanz zweier Seelen im Mitfühlen und Mitleiden, in der Sympathie und Kommunikation.

Reversibel: Umkehrbar, rückbildungsfähig.

RNS: Abkürzung für Ribonukleinsäure, wichtiger Bestandteil des Kerneiweisses der Zelle, räumlich strukturiertes Riesenmolekül, Träger der für den Aufbau des biologischen Lebens notwendigen Gene.

Schicksal: Das Gesamte alles Seienden, was das Dasein eines Menschen, eines Volkes usw. beeinflusst und bestimmt, aber nicht vom Menschen selbst geändert werden kann.

Schöpfung: Die Hervorbringung der Welt u. jeden einzelnen Dinges aus dem Nichts durch einen allmächtigen Schöpfergott. Nach christl. Lehre von der *Creato continua* (lat. „fortdauernde Schöpfung") ist der Schöpfungsakt Gottes ein unausgesetzter und hat die Welt nicht nur hervorgebracht, sondern erhält sie im Sein.

Spezifisch: Typisch, kennzeichnend.

Spiritualismus: Häufig auch als Idealismus bezeichnet; philosophische Richtung, die das Wirkliche als geistig, das Körperliche als Produkt oder Erscheinungsweise des Geistes oder als nicht vorhanden bzw. auch als blosse Vorstellung annimmt. Gegensatz dazu ist der > Materialismus.

String (engl.): „Faden, Faser, Saite"; fundamentales, eindimensionales Objekt, physikalisches Elementarteilchen, welches in Schwingungszuständen beschrieben wird.

Symptom: Krankheitszeichen.

Syndrom: Bezeichnet ein Krankheitsbild, das durch das gleichzeitige Auftreten mehrer Symptome entsteht.

Telepathie (griech.): „Fernfühlen"; das vermutlich mögliche, objektiv psychologisch jedoch unverifizierbare Erfassen der Bewusstseinsinhalte einer anderen Person auf einem anderen Weg als der Vermittlung durch die gewöhnliche Sinneswahrnehmung, also unter Ausschluss der Sprache, auch des unwillkürlichen Flüsterns oder irgendwelcher sonstiger sinnlich wahrnehmbarer Ausdrucksphänomene des Innenlebens der Person.

Theismus: Von griech. Theos = „Gott". Der Glaube an einen einzigen, persönlichen, ausser- und überweltlichen, selbstbewussten und selbsttätigen Gott, der als Schöpfer, Erhalter und Lenker der Welt gedacht wird.

Theologie (griech.): Die Lehre von Gott. Im engeren Sinne und im Unterschied zur Religionsphilosophie das Dogmen-System der christlichen Kirchenlehre.

Tod: Das Ende der natürlichen Lebensfunktionen eines vitalen Organismus. Vielfach betrachtet man das Leben als eine Symbiose von Körper und (unsterblicher) Seele. Der natürliche Tod bedeutet demnach die Scheidung (Trennung) der Seele vom Körper, hinein in die Unsterblichkeit.

Man unterscheidet 3 Arten von Tod: 1. Klinischer Tod: Herz- und Atemstillstand. 2. Hirntod: Ausfall aller Gehirnfunktionen (amtlicher Tod). 3. Biologischer Tod: Ende der Lebensfunktionen aller Körperzellen.

Sichere Todeszeichen: Leichenstarre, Totenflecke und beginnende Fäulniszeichen.

Transzendent: Von lat. transcendere = „hinübersteigen, überfliegen (Kant)"; die Grenzen möglicher (nicht nur individueller oder gegenwärtig möglicher) Erfahrung übersteigend, ausserhalb dieser Grenzen liegend, den Bereich des menschlichen Bewusstseins überschreitend.

Tumor: Gut- oder bösartige Geschwulst. Örtliche Zunahme des Gewebevolumens durch Überschusswachstum, Verlust der Zell- und Gewebefunktionen.

Übersinnlich: Was nicht in der sinnlichen Anschauung gegeben ist, was nicht wahrgenommen und deshalb auch kein Gegenstand der Welterkenntnis werden kann.

Unendlich: Was nicht zu Ende gedacht werden kann, von dem keine Grenzen abgesehen werden können. Raum und Zeit sind in diesem Sinne unendlich, denn jede Grenze, an der wir sie anfangen oder aufhören lassen, ist nur eine Grenze unserer Kenntnis und Erkenntnis unserer Sinne und unseres Verstandes.

Universum: Von lat. universus = „gesamt"; unus und versus = „in eins gekehrt"; „das einheitliche All", die Welt als der astronomische Kosmos.

Unsterblichkeit (Athanasie, Immortalität): Die Fortdauer der Persönlichkeit bzw. der Seele nach dem Tode, im weiteren Sinn das Aufgehen der Seele in Gott oder im „Weltgeist"; endlich auch die Fortdauer einer Persönlichkeit in den Gedanken der Nachwelt.

Vakuum (lat.): „Das Leere", der leere Raum.

Verbal: Mündlich.

Vererbung: Das Übergehen elterlicher Eigenschaften auf die Nachkommen. Es beruht auf der Kontinuität des Keimplasmas, das zu einem Teil den Leib des neuen Individuums aus sich hervorgehen lässt, während ein anderer Teil in den Keimzellen (Ei und Samenzellen) dieses Leibes weiter behalten wird und in einer neuen Generation wieder einen Leib erzeugt usw. Ursprünglich wurden dazu auch erworbene Merkmale und Lebensgewohnheiten gezählt. In der „Schul"-Biologie gelten nur noch die Gene als vererbbar. Die Hypothese der Formbildungsursachen meint mit diesem Begriff nicht nur die genetische Vererbung, sondern auch die Vererbung morphischer Felder durch morphische Resonanz.

Virus (lat.): „Gift"; Körper von molekularer Grösse, der als Krankheitserreger (Zellschädigung) auftritt. Im Unterschied zu Bakterien nicht selbst lebensfähig, daher auf einen Wirt (Mensch oder Tier) angewiesen.

Vision: Von lat. visio = „Schau"; im engeren, psychologisch-psychiatrischen Sinne Gesichts-Halluzination. Im weiteren religions-philosophischen und religionswissenschaftlichen Sinne sind Visionen „innere Gesichte", die sich entweder auf örtliche oder zeitlich entfernte Ereignisse beziehen (Hellsehen im parapsychologischen Sinne) oder für Offenbarungen aus einer „anderen" Welt gehalten werden.

Weltanschauung: Der Inbegriff der Ergebnisse metaphysischen Denkens und Forschens, wobei die Metaphysik aufzufassen ist als die Wissenschaft, die die Formen des Welterkennens, nämlich erstens die nach Epoche, Volk und Rasse usw. jeweils verschiedene „natürliche" traditionsgebundene Weltanschauung, zweitens die ein „a priori"-Wissen (vom Quantum induktiver Erfahrungen unabhängiges Wissen) auf allen Gebieten erstrebende Philosophie, sowie drittens die Resultate der Einzelwissenschaften zu einer Ganzheit zusammenschliesst.

Wunder (lat. miraculum): Eine ausserordentliche Begebenheit, die man sich nicht erklären kann, die dem üblichen naturgesetzlichen Lauf der Dinge direkt widerspricht und die vom Glauben auf das Eingreifen übernaturlicher Mächte (Gottes) zurückgeführt wird.

Zeitgeist: Nach Hegel der in der Geschichte sich entfaltende objektive Geist, der in allen einzelnen Erscheinungen eines Zeitalters wirksam ist; der Inbegriff von Ideen, die für eine Zeit charakteristisch sind. Goethe betrachtete den Zeitgeist als die vorherrschend geistige Seite einer Zeit.

Zelle (Zyte): Kleinste selbständig lebens- und vermehrungsfähige Funktions-, Struktur- und Evolutionseinheit der gesamten belebten Natur.

Zwang: Beschreibt das Beherrschtwerden von Impulsen, bestimmten Gedanken oder Handlungen, die einem selbst als unsinnig erscheinen und meist von einem ängstlichen Gefühl begleitet werden.